U0448065

活出必要的锋芒

丁锐（Ting）————著

读者出版传媒股份有限公司
甘肃人民出版社

图书在版编目（CIP）数据

活出必要的锋芒 / 丁锐著 . -- 兰州：甘肃人民出版社, 2022.1
ISBN 978-7-226-05776-6

Ⅰ.①活… Ⅱ.①丁… Ⅲ.①人际关系—通俗读物 Ⅳ.① C912.11-49

中国版本图书馆 CIP 数据核字 (2021) 第 270230 号

责任编辑：李依璇
封面设计：仙境设计

活出必要的锋芒

丁锐 著

甘肃人民出版社出版发行

（730030 兰州市读者大道568号）

天津旭非印刷有限公司印刷

开本 710毫米×1000毫米 1/16 印张17.5 插页2 字数260千
2022年1月第1版 2022年1月第1次印刷
ISBN 978-7-226-05776-6 定价：55.00元

目录
Contents

导言	冲突面前，除了忍，我们还能做什么	I
序言	直面冲突，是看见他人，看见自己	III

第一章 冲突来了一味"忍"，你是否压抑了创造力

冲突面前，为什么我们习惯性地"忍"	002
冲突的场域：问题与命题	006
你可以更灵活地解决冲突	012
如何释放你的"锋芒"	019

第二章 "观念武学"的基本要领

边界不同，捍卫的方法也不同	032
不能拿结果说事儿	041
化解冲突，需要"组合拳"	046

第三章
活出必要的锋芒

公众场合里的冲突 ... 053

- 我被外国服务员歧视了——表达你的愤怒 ... 053
- 如何回应朋友圈的冷嘲热讽——权威"扫堂腿" ... 055
- 我不想再忍孩子的老师——后退一步看结构 ... 057
- 邻居要投诉我的幼儿园——对抗中的个人和结构 ... 063
- 网课退费——不占理就不要撕 ... 067

职场里的冲突 ... 068

- 前老板让我又气又恨——自己心中的"绝对道德" ... 068
- 职场前辈总凶我——脆弱交付 ... 072
- 同事总是搞小动作——以彼之道 ... 075
- 老板不兑现承诺——看清工作利益 ... 078

留住真朋友 ... 082

- 朋友"偷"了我的股份
  ——冲突中的维度、区域、程度 ... 082
- 错把熟人当朋友——关系层级 ... 089
- 朋友一跟我做项目就唱反调——确定关系性质 ... 093
- 对朋友恨铁不成钢——看到需求 ... 096
- 我辞退了住家三年的保姆——看见价值 ... 098

让亲密关系更结实 104

为什么我总是遇上自私的男人
——不妨先"撕"一下自己 104
和丈夫沟通有障碍——自我意识 107
丈夫不配合办离婚手续，怎么办——宣讲和沟通 110
男友物化女性，分还是不分——坐标原理 117
老公总是瞒着我给公婆钱
——步步为营建立共生关系 125
无法沟通的婚姻——亲密关系的底线 130
我想保住这个家——放风筝 136
家有"妈宝男"——因势利导 142

原生家庭的关系界限 146

父亲干涉我的生活习惯——分清权和利 146
怎么面对父亲带来的负面情绪——拓宽领土 149
爸爸要我帮忙——看见对方 154
看不惯姐姐养育孩子的方式——价值重心 159
不讲理的妈妈——独立和共生 165
父母离婚后母亲老是纠缠父亲——落差控制 172
婆婆控制欲太强怎么办——感受存在 179

为了成长"撕"自己 　　　　　　　　　　　　　　　184

我总怕别人失望——你并不重要　　　　　　　　　184
怎么控制自己的情绪——愤怒武器　　　　　　　　188
渴望被守护——看见未完成　　　　　　　　　　　192
别人都说我很冷漠——建立关系　　　　　　　　　195
拖延症怎么治——制造对抗力　　　　　　　　　　200
害怕权威——修补恐惧　　　　　　　　　　　　　204
我总是被权威的话影响——权威后置　　　　　　　207
我总是缺乏耐心——个体属性　　　　　　　　　　213
面对压力总想逃跑——打开黑箱　　　　　　　　　218
别人总是对我发火——理性 VS 不可控　　　　　　223
害怕被评价——柔化畏惧　　　　　　　　　　　　226
我要不要生二胎——自我实现　　　　　　　　　　231
我总想怼人——个人边界　　　　　　　　　　　　236
无家可归感——看清现实　　　　　　　　　　　　245
舍不得扔东西——断舍离　　　　　　　　　　　　250
我不想当墙头草——弹性边界　　　　　　　　　　255
面对权威很紧张——你的情在喊你　　　　　　　　261

后记　　　　　　　　　　　　　　　　　　　　　　267

导 言

冲突面前，除了忍，我们还能做什么

你害怕冲突吗？面对冲突总是无所适从，充满无力感和恐惧感吗？或者因为害怕，默默回避冲突，因为担心关系破裂，不得不微笑着委曲求全，一忍再忍？

一味地"忍"，让你饱受人际关系的折磨。因为不敢面对冲突，在亲密关系中压抑自己；因为不会应对冲突，在职场中处处受挫。又或者你决定勇敢起来，但每次想据理力争却不知该如何开口；想表达不满，却不知道如何拿捏分寸。

你需要学习勇敢地面对冲突，认清冲突中暗藏的机理，学会高效且成熟地化解冲突。

与没有原则，没有活力的"忍"相比，正确的"撕"，会让你在职场中获得更多机会；在亲密关系中获得更多主导权；在社交场合多一些自在与从容。

冲突是成长的最好时机。

那么，直面冲突的核心是什么呢？

原子式生存。

很多人在生活中被各种身份框定，一味追求表面和谐，从而丧失了"道理越辩越明"的观念自主权。

现代社会，已经由"地缘性"和"血缘性"的生存方式，逐步转化为"原子式"的。即每个人独立承担自身的社会责任，同时保有最大限度的自由。

"撕"的底线是独善其身。只有深刻"撕"出自己与他人的边界，才能以原子式的"嵌入"方式，在社会结构中进退自如。

本书是一种"观念武学"，有内外合一的功法，有百炼成钢的套路，也有正气的核心价值观。

我们不追求阿 Q 的精神胜利法，也绝不沉溺在泼妇骂街般的快感中。原子化的"自由"不是不听话和肆意妄为，而是"从心所欲，不逾矩"。

序　言

直面冲突，是看见他人，看见自己

电影《拯救大兵瑞恩》里有这样一个桥段：

有个士兵非常懦弱胆小，完全没有战斗力。

一天，一场肉搏发生在他的战壕里。在离他近在咫尺的地方，一个战友与敌人发生了缠斗，双方紧紧撕扯在一起。只要他上去打晕敌人就能解救战友，但他只是蜷缩在角落里不停地尖叫和哭泣，眼睁睁看着敌人用匕首一点一点刺进战友的胸膛。

敌人站起来后并没有杀他，而是向他啐了口唾沫，径自离去。

可以说这是这部电影中最让人咬碎牙齿的片段。

但在同样大热的电影《钢锯岭》里，男主角因为信仰的原因不愿意在战场上杀人，而后又因为徒手救了 70 余人，成为爱与善的象征。

那么，请问——如果《钢锯岭》的男主角走进《拯救大兵瑞恩》，成为那个胆小的士兵，情况又会怎样？

当他看到匕首一点点刺进战友的胸膛，是否还能坚持自己的信仰？

也许你会说，他可以先把敌人推开啊，他可以喊人啊，他可以采取适当的行动啊……总会有办法的吧！

嗯，或许吧，但我们探讨的是命题，而不是问题——**问题追求具体的解决**

方案，而命题却在论证何为真理。 我们需要知道的是，怎么做才是对的？对在哪里？

是的，只有在真理的指引之下，"撕"才会是一种铁骨铮铮的捍卫，而不是斤斤计较的撒泼。

所以，在本书里，更侧重于对"为什么要撕"的理性探讨，而不是"怎么撕才会赢"的战术分析——前者就像内功心法，当你心中通达无碍时，飞花落叶皆可伤人；而如果一味追求外在狠辣的招式，就一定会在实战中无所适从，或被更高明的人当场反制。

请记住一个原则：我们都是体面的人，在具体的战役上，很难打得赢没有底线的人。但是真理却可以保护你的心，那是我们最后的防线。

我不知道这本书能带给你什么样的帮助，但我会贡献出自己在无数实战之中所总结出来的点滴体悟。另外，仅对于我而言，这本"秘笈"也可以称得上是探索自我的有效路径——**直面冲突是最深层次的相互了解，甚至只有在累累伤痕之处，才见得到真性真情。**

第一章

冲突来了一味『忍』，你是否压抑了创造力

冲突面前，
为什么我们习惯性地"忍"

原因一：从小，处理冲突的方式只有忍和让

请回忆一下，你是不是在很小的时候就开始听各种大道理，被迫去背诵那些小孩子根本不理解的东西，那些"知识"枯燥和乏味的程度可想而知。正因为小孩子对这些大道理几乎不可能产生兴趣，大人们的管束手法极易单一且严厉——谁不听话就训谁，靠外力来控制孩子的行为。

外力操纵的后果之一，就是可能让学习被扭曲为讨好他人的工具——学习是为了父母、老师和重要他人，并不是为了自己。

这就是极度削减"自我"的模式，权力拥有者不跟你探讨为什么，只是简单告知你该怎么做。

由此必然产生的奇景就是，当孩子年纪还小的时候，被迫接受一些大而空的东西，但当他成年之后，却连自己的婚姻也不能作主（被逼婚或被迫相亲）。

这中间一个最大的核心误区在于，基于身体条件反射式的"道德训练"是与自我建设背道而驰的，当然更不可能蕴化"自省"机制的出现。

原因二：熟人社会不该有冲突

中国有句耳熟能详的老话：在家靠父母，出门靠朋友。

"关系"是我们的第一默认值，甚至很少有人去想它合理与否。我们习惯了彼此渗透、彼此依赖的关系网，说一个人成熟与否，重点永远不在"自我意识"上，而在于"关系维护"上。

既然"关系"那么重要，想要融入结构体，或被他人悦纳，就必须以"抹杀个性"为代价。在很多人的认知中，"做人"的最高境界，就是喜怒不形于色。

是的，我们不能当众表露狂喜，也不能对憎恶的人报以颜色。如果遇到了问题，我们既不会明确地告知对方，也对自己的权利视而不见。因为小时候你听到最多的话大概就是"乖！不许动"！大人会控制我们的行为，要求我们保持在一个稳定的状态，而且还被强行灌输一个观念——乖巧就是好的，冲动就是坏的。

这其实是一种"熟人社会"的典型特征。我们只在能制约自己的熟人面前十分配合，好好"做人"；但在陌生人面前，因为没有维护"关系"的需要，就摇身变成最没有公德心的孩童——毫无顾忌地在公共场所大吵大闹，损坏公共设施……这些都是脱离了权力制约之后的"真性情"。

因为公德心是来自"自我约束力"，并不来自权力指令。

由此，你会发现，我们之所以不敢"撕"，是因为在熟人社会中"撕不起"。我们从小都被教育不要跟大家格格不入，要把自己嵌入到一个"关系结构"中。

如果我们还是处在封建社会，或者物资极度匮乏的年代，这么做的好处不言而喻——个体在大时代面前是非常渺小的，当"求生"是时代的主题，那你最好还是老实点儿。

然而随着经济的发展，城市化的进程已经不可逆转。城市是典型的陌生人社会，即便是公司，其组织方式也已经不再是熟人式的相濡以沫，而是基于利益关系的乐高式结构——合则聚，不合则分。

陌生人社会的协作方式，其第一序位已经变成双方的游戏规则，而不是亲密的关系。

这时如果你还是以"不能太有个性"为准则——不会清晰表达个人观点，不会强势维护个人利益，那么自然就会面临被彻底忽视或任人随意摆布的命运。

"乖"，已经成为最差的生存策略之一；而"撕"这个看似违逆"不友善"的行为模式，可能会成为最优的生存策略之一。

这个"撕"并不是指对利益的争夺，而是时刻划清人我界限的"自我意识"。

别担心，人情味不会被"撕光"

人情之所以是种味道，大概是因为味觉是最复合的感官——它在最大限度上融合了多种感观体验，就像一桌丰富的佳肴。

有些人可能很讨厌在熟人之间过分划清界限，比如 AA 制，总觉得很难看。而且我们的社交场合比较热衷于喝酒，因为酒精可以融化人与人之间的异质感，大家脱去身份和个性，一起回归到差别不大的身体层面。

喝酒也是对"自我"的削减，以麻痹意识为代价，强行追求温情脉脉的"打成一片"。但这种基于"身体层面"建立起的人情味，本质上是非常脆弱的，经不住一点点利益的消磨。

尤其当我们已经从农业社会中脱离出来，即便要寻求帮助，也不会再去邻居家借两斤米，而是选择刷信用卡或到银行贷款——我们的求助对象已经从具体的人，逐渐转移到专业的第三方机构。那么，以往维系人情关系的利益纽带，就开始被异化和崩解了。

在如今的社会形态下，我们慢慢开始适应一个新的游戏规则——基于血缘和地缘的"被动亲密关系"，开始逐渐让位于基于选择和偏好的"主动亲密关系"。

在这个大趋势之下，能够清晰表明自我立场的"撕"，的确会在某种程度上摧毁以往的"人情味"，甚至在一定程度上加剧都市中的冷漠病和孤独症。但从另一个角度来看，这却是走向自由的必经之路。

所以，当你畏首畏尾不敢"撕"时，不妨仔细想想，你是因为已经习惯了在大人的指令下扮演"乖孩子"，还是忌惮熟人社会的毁损代价，抑或是留恋着"打成一片"的人情味？

当然，除了如上原因，你也许还会说自己是因为天性恬淡，喜爱世界和平……如果你拥有那样的答案，此刻就可以合上这本书，无须再看。

而正因为"自我"无法被真正抹杀，它才会以各种异化的面目出现，那种时不时爆发出的怒火、午夜梦回的焦虑，以及无声饮泣的自怜自伤……

古人崇尚"以武入道"，王家卫在《一代宗师》中所提出的"见自己，见天地，见众生"，便是"武魂"的写照。但如今我们已进入了信息时代，日常博弈从身体变成了观念。我很遗憾地发现，如今并没有一套完整的**"观念武学"**流传于世——武学不是打架，就像命题不是问题，真理不是道理，在"撕"的背后，也应该有对于"如何用冲突提升自己"的方法的深入探索。

是的，若是"身体武学"藏于一招一式、三伏三九的苦练之间。那么"观念武学"也必定与你的日常思维息息相关。也许我们没有高大上的信仰，但我们一定有信念、观念、观点或态度需要维护。这些词汇都决定了"你是谁"，要想捍卫它们，既需要透彻的觉察，也需要娴熟的技巧。

或许有一天，我们真的能拆尽人我之间的藩篱，达到"开悟"之境，但在那之前，请允许我以一个正常人的私心，与你一起打开这本诚意满满的"冲突之书"。

冲突的场域：
问题与命题

首先我要讲两个名词，这两个名词我们在生活中经常提及，却很少区分它们在本质上的区别。

一个名词是"问题"，就是我们每天会遇到的各种问题，我们着手去解决它，或者回避它，不一而足；还有一个名词比较少出现，但我们偶尔会在一些书籍或者我们讲道理的时候提及，它叫作"命题"。

问题和命题的区别在哪里呢？我先举一个例子，让大家了解一下。因为这是直面冲突的重要的两个场域。

我在上海开了一家"死亡体验馆"。之前我是做临终关怀的，每天在医院里陪伴各种各样快要死亡的人。在临终的状态下，很少有人会与其谈论死亡，虽然他们马上就要死了，但他们的家属也不愿意和他们谈论这个话题。所以，我和我的搭档老黄就开了这家"死亡体验馆"。

我们的体验馆分为两个部分，一部分是身体的死亡，我们有一个"焚化炉"，用声光电的效果模拟焚烧遗体的过程，这是身体上的感受。

但最重要的一个部分，是在前半场，是关于身份的死亡。身份的死亡有十二关，让12个人坐在一起，每一关都会涉及亲情、友情、爱情这些不同人生维度的命题。每一道命题都有一个具体的案例供 12 个人进行探讨。这 12 个人探讨的结果就是如果你特别不喜欢或不赞同某一个人，就可以投票让他去体验"身体的死亡"。这 12 个人代表了一个虚拟的小社会，他们共同决定谁生谁死。

开场就是一道非常考验人性的两难抉择：

假设你是一个反恐小队的队长，有一天你抓住了一个恐怖分子，这个恐怖分子带着他两岁的女儿伪装成平民在城市广场安置了一颗定时炸弹。炸弹一旦引爆，就会有数以万计的人死亡。时间紧迫，你必须找到炸弹的具体位置，你用各种刑罚对付这个恐怖分子，但他就是不招供。你唯一的办法就是将他两岁的女儿作为人质。

这个时候，你就需要做选择，是选择将孩子作为人质，还是选择放弃？这是一个标准的命题。在关乎千万人的生命面前，你到底是遵从于你自己"功利主义"原则——体验游戏中有不少人选择伤害人质，解救更多的人，这个叫作功利主义的原则，也就是多数人的利益要大于少数人的利益，哪怕那是一个无辜的小姑娘；还是选择内心的绝对道德——出于人性的角度不忍心，觉得这样做就和恐怖分子一样邪恶。

这为什么是一个命题呢？"如何做才是对的"是我们争论的焦点。我们要讨论的正是人"何以为人"的这个部分。你是遵从于多数人利益大于少数人的利益，还是遵从于人性不可侵犯的绝对性？这二者没有本质的对错，却是人类历史上永远在辩论的命题。

但是体验游戏中还有第三种人，他不选择。他会说，我们能不能用一个别的办法？我假装折磨一下这个小女孩。

问题就出来了。他分不清什么是命题，什么是问题。这两个概念可能有点儿不好区分。也就是说，他关注的是如何回避小女孩被折磨这件事情。他想要找出第三条路。听起来好像没有问题，他又善良又聪明，但他其实没有搞清楚体验游戏的目的是论证"何为正确，何为人性"的命题，而不是在探讨如何解决眼前这个具体的问题。

我举一个更简单的例子来说明。我们小时候都做过应用题，应用题里说一只猫头鹰晚上要抓5只田鼠才能吃饱，否则会饿死。5个晚上，它能抓住几只田鼠呢？大家都知道这是一道应用题，是在考验我们"5×5"的结果是多少。但是如果这个时候，有个小朋友跳出来说，我可以喂猫头鹰肉干啊，我可以养着它啊，这个时候，肯定会引来全班同学哄堂大笑。因为这个小朋友没有区分出来，这道应用题是要我们去计算结果，而不是如何让这个猫头鹰吃饱。

但这样的情况经常会在生活中反复出现。我们为了自己的眼前利益，不断地解决一个又一个具体的问题，从而忽略了命题对我们的影响。也就是说，如果我把这个问题和命题分成两个概念，问题关注于如何趋利避害，如何让我躲避眼前的麻烦；而命题关注于我是一个什么样的人，我究竟为什么而活。但是当一个具体的冲突出现的时候，我们往往分不出这二者之间的区别，都忙于去解决一个个具体的问题，摆脱眼前的麻烦。但是，抓不住命题的后果往往会导致之后遇到许多类似的问题。没有命题的指引，我们就会陷入具体的冲突和矛盾中。

比如刚才小女孩的命题，我增加一个维度：选择放弃的人，你的家人也在那个广场上，你该怎么办？这个时候，就会有很多人倒戈。我家人在那里的话，我就要折磨那个小女孩，因为我舍不得我女儿，或者我爱我的父母。同样反过来问那些选择折磨孩子的人，付诸行动后发现这是一个谎言，根本没有炸弹，这个时候，该如何承受来自良心的谴责呢？折磨小女孩是为了换取更多人的性命，一旦这换取行为落空了，你该如何面对自己呢？

如果问题不断往下深究，你会看到更多的不同的维度。它会不断出现新的状况，这就是问题带来的无穷无尽性。为什么要解决这个无穷无尽？用什么来解决？就是我们研究的命题，并且命题当中包含了"我是一个什么样的人"。

我们区分不清命题和问题，是因为内心并不清楚是将"回避或解决掉眼前的这个麻烦"认定为第一序位，还是将弄清楚"我要成为什么样的一个人"认定为第一序位。人们经常在这二者之间反复摇摆。

我们必须且只能选一样。这就是探讨的核心。当一个巨大的冲突出现的时候，你可能只能选一个方向走到底。如果你选择屈从于内心的畏惧、趋利避害，这也是大部分长辈教我们的，就是你需要尽快地去解决眼前的问题，不要陷入眼前的麻烦里。但是，很少有长辈会教我们，我们要努力去做自己心目当中的那个人，我们要遵从自己内心绝对的价值观。不管情况千变万化，我都有一个遵从于我内心绝对道德的选择。

我的一个案主，是一个很年轻的姑娘，大学还没有毕业就在咖啡店打工。有一天店主误认为她偷了东西。她感到很冤枉，就争辩了几句，但没能证明自己是清白的，于是就辞职了。

辞职似乎是一个很简单的解决问题的方法。

但是她一直没有办法消除自己心中"我没有偷东西，我不是那样的人"的声音。当她找到我的时候，已经时隔一年了。她发现，即便她离开了那个地方，一提起这件事还是如鲠在喉。

我问从小到大受到的教育是什么？她说，爸妈告诉我，不要轻易和别人产生冲突。别人蛮横无理的时候，你笑笑走开就好了，没必要理他。

这样本身没有错，但它只能用于解决少数具体的问题。有时候你会听从别人的建议，算了，不要较真。这些言辞的背后是，我们害怕矛盾，我们用一切手段逃避矛盾。

但是你会发现这一代的年轻人，或者说有血性的人会特别在意自己是一个什么样的人，别人有没有误解自己，自己有没有受不该受的委屈。

我对案主说："无论时隔多久，你都没办法'算了'，因为你的内心没有完成对自己的认可。也就是说，你在受到污蔑的时候，没有站出来为自己辩护。这是你内心过不去的坎儿，所以，我希望你无论如何都要回去见店主，清清楚楚地向他表达，你是什么样的一个人。也许你没有证据，但是，如果你不表达，你为自己辩护的话，你是过不去这个坎儿的。你要捍卫自己心中的绝对道德，这是非常非常重要的,这是对命题的捍卫。"

很幸运的是,这个姑娘听从了我的建议。令她非常意外的是,店主一见她就迎上来说:"对不起,当年是我冤枉了你。但是你当时走得特别匆忙,我没有办法跟你联系。那个钱被我放到了别的地方,忘记了。"

当她为了捍卫自己的尊严迈出脚步的时候,事情才有可能"过去"。

当你能够为这个命题——一个更长远的自我的稳定性,而不是眼前的利益,迈出脚步时,你才能完成对自我意识的闭环。

自我稳定性的意思是,在不同的问题之间,不同的冲突之间,你选择了一个相对稳定的依据或者坐标。比如说,有些人会把利益作为自己的坐标,每一件事他选择的都是能将利益最大化的,这是可以的,这是功利主义最基本的生存法则。但是有一些人,要对自己的道德进行肯定,"我是一个好人",这比利益更重要。就像这个姑娘一样,对自己的品行端正的自我认定特别看重,那么,她就必须用行动来捍卫她心中的这个绝对道德。没有行动和行为,是完不成这个闭环的。

所谓的闭环就是你潜意识里升起了这样的一个愿望,你意识到了,我要把话说出来,不论是由语言还是由动作来完成的,这就叫一个闭环。只有完成这个闭环之后,你的自我才能够得到一次完整的肯定,少了其中任何一个环节,这个闭环都不能被完成。

所谓"撕的场域",就是分成问题和命题两大块。

我们在面对一个具体的现象和事例的时候,我可以教大家一个最基本的技巧:你往后退一步,想想看,现在对我最重要的是什么?

我要在内心维护我作为一个好人形象,所以会偏向于命题,去证明,哪怕花更多的精力和时间,哪怕引来更多的麻烦,但是对自己的成长非常有意义;还有一个方向,就是用一些技巧,迅速地解决或回避眼前的问题,比如"佛系"的态度,自我安慰这件事情不重要,退一步海阔天空。

我们经常会遇到问题和命题之间没有对错的情况,此时,我们要做出一个选择，而这个选择背后，最重要的落点是"我是谁"。

通过不断地选择来确定"我是谁"，倾向于选择命题的人，会更积极地维护自我，但是现实生活中可能会遇到很多不必要的麻烦，这个是其弱点；倾向于选择问题的人，他用很多小技巧来回避很多的麻烦，但也经常迷惘、困惑，不知所措。两者各有利弊。有的时候，我们可能在这两者之间不断摇摆而不自知。

所以，把问题和命题区分清楚，当你下一次面对矛盾和冲突时，就会有一个更清晰的认知。

你可以更灵活地解决冲突

我是1997年大学毕业的，到现在刚好参加工作23年。

我做过三维动画、后期剪辑，在电视台、电影厂都待过，自己还开过十年的广告公司……说句可能你不太相信的话，这么多年来我在工作中并没有受过什么委屈。

是不是有点儿不可思议？尤其是在以甲方就是上帝的广告业怎么可能没受过甲方的气？

先说秘诀，一共有三点：

1. 分得清"撕"的是什么，不在无谓的点上乱"撕"。
2. 抓住重点就不撒手，不要被轻易带偏。
3. 要有玉石俱焚的觉悟！

最后一点尤为要紧。

如果你是抱着"我想获取利益最大化"的目的去"撕"，输的概率就会非常大——"撕"的奥义是划定"人我边界"，利益只是回报之一，绝对不应该是你的最终目标。

而且现实情况瞬息万变，对手的属性不尽相同，有时候需要循循善诱，有时候必须当头棒喝……所以不要着急，让我们先从结构入手，充分了解战局的结构，才能进入各种方略的演练。

冲突中包括五个层级，分别是身份层、观念层、关系层、情绪层和身体层（图1）。

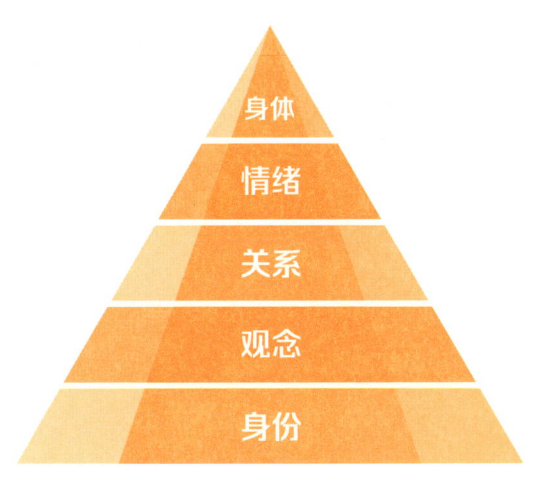

图1　冲突的层级

但是很少有人能在冲突的过程中，清晰地看到这五个层次，并且依据冲突的特点，找到五个层次当中最合适撕的那个落点。我们将其称为"撕点"。

你到底要和对方在哪个层级掰扯清楚，你可以使用的工具或武器到底有哪些？其中大有学问。

我有一个案主是日语翻译，有一次，她在日本一个居酒屋里吃烤鱼时，发现鱼半生不熟，而且背上有厚厚一层油。她问老板："鱼没有烤熟，能不能再烤一下？"

老板用一种居高临下的态度说："你们中国人不懂，这种鱼就是这样的。"

案主有些露怯："哦，那我不喜欢吃这么生的鱼，能不能帮我再烤一下？"

老板就特别不耐烦地把鱼拿了过去，说："你要我烤，我就给你烤，但这就不是我们正宗的烤鱼了。"

这个冲突里就有几个非常模糊的点。比如，老板的服务态度。这个服务态度你不能确定是因为客人是中国人而有怠慢情绪，还是为了掩盖自己鱼没有烤好这个事实而找的借口。这条鱼有可能就是半生不熟的，就像牛排也会分几分熟，也可能是他手艺不行。如果你要和所谓的专业人士去理论，你要怎么办？

这个案例能很好地说明，为什么冲突的开始往往是一个身份的冲突。例如，我们小时候常听到的"你怎么能这么和老师说话呢？""你怎么能这么和爸妈说话呢？"还有长辈、领导、专家等权威身份。你会发现，经常卡住我们的就是身份——对方那更高或者更专业的身份，让我们落下风。

当对方亮出一个身份的时候，你不知道如何应对，只能吃闷亏。就像这位日本烤鱼店的老板，他持有的身份就是"日本烤鱼专家"（不知是真是假）。让我们来分析一下，真正的"撕"点可以落在哪里。

第一个技巧，叫"开辟新战场"。

老战场是什么？老战场就是烤鱼是不是真的不需要熟透。在这里老板占有真正的主场优势。他是专业人士，是烤鱼店的老板，他对日本烤鱼是不是这个样子有解释说明权，你也无法马上找到一个更专业的人士。

这个时候，应该开辟一个新的战场：老板作为一个专业的人士，向食客解释清楚这个问题并让食客信服，这是老板"专业"的一部分。

新战场就是去质疑他作为专业人士的身份。大众对餐饮业从业者的"专业"与否都有一个共识——尊重客人，听取客人的建议，改进自己的产品。不具备这些专业属性，只是用冷硬的专业姿态来碾压食客，那他就是伪专业的人，因为他不符合专业的一个基本共识。

这就是新战场，食客可以揪着这一点开"撕"：老板没有好好服务食客，没有好好解释日本烤鱼的情况，老板很不专业。

重点并不在于这条鱼本身，而是在于食客被伤害了，老板用他的专业和权威的态度碾压食客。能够去抗击他的，就是重新开辟一个战场，使得这件事情的解释权能够重新回到食客手里。

我们生活当中会遇到一些人，他们习惯性地用专业、权威的身份来碾压对方。这个时候要开辟的新战场就是——权威应该是什么样的。比如，"你怎么能够这样和老师说话呢？"那么，反驳的落点应该在："你是一个合格的老师吗？"

假设我的一个朋友在庙里遇见一个大师正在给一群弟子说法。

他问了大师一个有关于佛学的问题。大师没有直接回答他，而是指着他，对着弟子们说："瞧，这就是一个无明的人。"

这是一句非常令人下不来台、非常让人生气的话——我把你当作老师，诚心向你请教，你却把我当作一个无明的人，傲慢无礼地无视我的尊严。

对于这样的冒犯，该怎么回击呢？

攻击他作为传道解惑的和尚的身份。

"撕"点：你的态度是和尚或大师该有的态度吗？你的行为有违师德，你不配做大师。

更深一步，还有别的技巧可以用来对应身份的碾压吗？

有。

这就是第二个技巧，找到对应关系。

对应关系指的是什么？我们回到日本烤鱼店的场景里，食客问老板烤鱼烤了多少年？老板可能回答说："哦，我已经烤了十五年了。"这时候，食客可以半开玩笑地说一句："我吃鱼已经吃了三十年了。"

老板是一个专业的烤鱼人士，食客也可以是一个专业的吃鱼人士。食客很诚实地告诉老板，你的鱼不好吃。这句话可真可假，可进可退。对方自诩或者自封为专业人士，你也可以自封为专业人士。而主观感受是没法撕的。

主观感受就是不好吃，不管你自诩有多么专业，起码对于我这样一个吃了三十年烤鱼的人来讲，你的鱼不好吃。你对自己的烤鱼专业能力很自信，我对自己吃鱼的专业能力也很自信。

如果老板试图用"别人都觉得好吃，这是我们的传统料理"这种话来碾压食客，就回到之前的专业性上回击，作为老板，你的鱼没有满足我，这是你专业上的疏漏，你没有办法满足一个专业吃鱼人对于味道的要求。

开辟新战场和找到对应关系，都是用来对付用身份和专业碾压你的人的方法。

冲突的五个层面分别是身份、观念、关系、情绪和身体，我之所以先说身份层面，是因为需要最先拆解身份的压力。

打个比方，身体层面的反应就是"我觉得不好吃，这是我的真实感受"。

情绪层面来讲，"你的态度让人不舒服，这不是一个专业餐饮人该有的态度"。

关系层面，在服务关系上，你没有满足我，作为一个专业的商家，你并没有让我这个客人真正满意。

观念的层面就是我刚才说的"何为专业"不听取建议，不尊重客人，在专业的角度上来讲，烤鱼店老板就是不专业的。

在这个分析里面，可以把在身份层面遇到的压力，用下面四个层面化解。经常吃闷亏的原因就是你无法把冲突撕开、拆解。

我用刚才的小例子说明，遇到身份层面碾压的时候，如何在观念、关系、情绪和身体层面把冲突拆解为各个可以击破的点。

身份就是一个黑箱，食客没有办法用一个简单的身体层面的不好吃，来回击老板所谓的专业，食客就是弱势的。但如果能够把"不好吃"分解为：观念层面，老板不够专业；关系层面，老板没有服务好食客；情绪层面，老板让食客不高兴了；身体层面，食客很诚实，吃了三十多年的烤鱼还是觉得这条鱼真的不好吃。

这样，食客就可以在任何一个层面开"撕"。

生闷气，气的是对方用身份碾压过来，中间的所有层次你都无法拆分开，此时的身伤成了一个黑箱，你要用你的身体承受所有的委屈和不高兴，以及你对自己的不满意。

在生活中，与他人边界的冲撞，几乎都涉及这五个层面——有关身份的冲撞，观念、关系的冲撞，情绪和身体的冲撞（图2）。但我们很少去深究它究竟是在哪个层面发生了冲突。

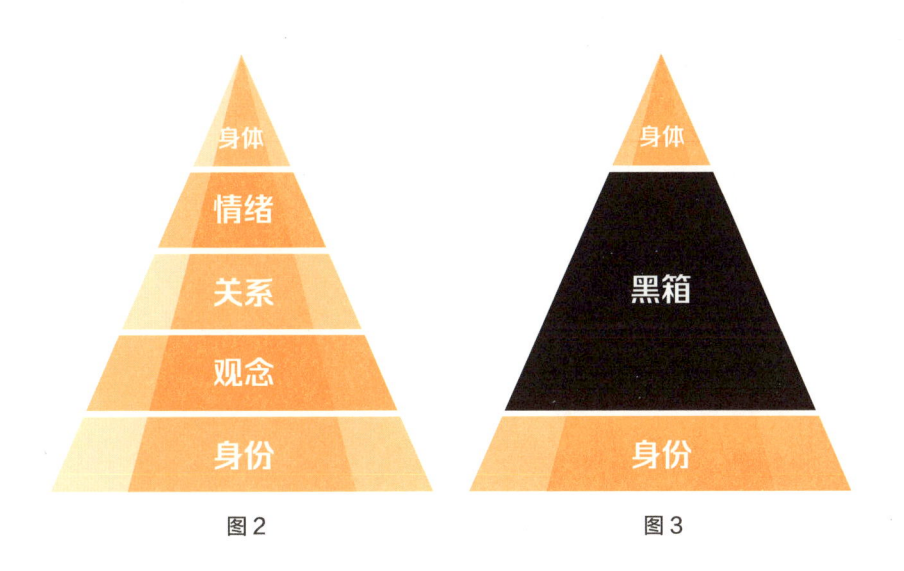

图2

图3

比如，男女朋友之间的亲密关系，就是一个关系层面的冲突。但是这个冲突可能落在观念的层面上，也可能落在情绪的层面上。

最常见的场景是"大姨妈"来了，女孩心情不好，这是女孩的一个情绪。但是，如果这个情绪没有得到男友很好的安抚的话，就会上升到"我还是不是你的女朋友？"类似这种身份层面的指责。

冲突中的双方经常在五个层面之间跳跃。这种跳跃会给自己造成困扰，也会给对方造成困扰。男孩在说观念，女孩在说情绪。情绪如果不能够落地，女孩就会开始说身体，比如"我都被你气得头疼了"，类似这样的话。

遇到冲突时，可以想一想，到底是对对方的身份不满意，还是对观念不满意——双方观念产生了本质的冲突，还是双方的关系出现了裂痕，又或者是一方毫无原则地把自己的情绪蔓延给了无辜的人。用这个层面来检索自己的行为，包括他人的行为，试着直面冲突的过程中，自始至终地锁定在一个层面，把一个层面的撕点细细地剖开。

开辟新战场、找到对应关系，这两个技巧在检索自己与他人的冲突当中，也是适用的。当你和一个人的关系陷入僵局时，你是不是能够开辟一个新战场，能够看到双方究竟在哪一个层次卡住了，迅速地锁定某个层面，找到相应的解决之道。

"撕"不是目的，"撕"是为了让自己更清晰地面对这个世界，面对冲突。

我写这本书并不是倡导"撕"，我倡导的是，面对冲突，要做出明白的回应，避免自己陷入困境。这五个层次能帮助你建立坐标，使你能够在冲突中清晰地看到自己的位置，以及为了什么而战。

如何释放你的"锋芒"

吃了一顿无比冗长的饭，对面坐着"人文知识分子"的代表许知远先生。

此前我跟他只见过一次，这是第二次。我对所有名人都是略有戒备的，但语态上还是会不自觉带有一丝调侃，当然，这完全是在正常范围内……万万没想到，他居然发飙了！

这简直是在所有社交场合中，唯一一次不是由我主动挑起来的冲突！而且他说到激动之处居然还哭了！

这真是把我狠狠震惊了一下——后来他说是因为小时候搬家，胆子变得特别小，平时在学校连厕所都不敢上，每天都是尿湿了裤子回家。他觉得我恃强凌弱，是那种他要坚决反对的恶人。

我说，我倒不是为自己辩解，但一来我也痛恨你痛恨的那种人；二来我自己并不是那种人，你不必这么快给我贴上标签。

还有呢，我也还你个故事。我小时候也是搬家到外地，每天都有人欺负我。但我爸妈完全保护不了我，因为他们也在单位里被别人欺负。

所以，当你可以逃回父母怀抱的时候，你觉得我该如何？

许先生……

这是我在一次饭局上遇到许知远后，发的一条朋友圈，我得再次分享我的那段经历。

一次饭局上，我遇到了许知远，"撕"了一架，离席的时候，还跟许知远同志在门口拥抱了一下，也算是"一抱泯恩仇"。

回家的路上，我脑子里盘旋着一个问题——我究竟要跟许先生建立起何种关系？

我们是通过"撕"来发泄情绪，捍卫观念，还是借此打开了陌生人之间客套的闭环？虽然经历过无数次的峰回路转，但在跳起来"撕"的那一瞬间，我还是会遵循"冲突之书"的第一原则——对自己的身体诚实。

身体会告诉我，"撕"还是不"撕"，以及"撕"到什么程度。

第一原则：不让身体受伤

把冲突的五个层次翻转过来，就变成了"冲突过滤器"（图4）。

在熟人社会中，如果有冲突发生，就会依照这个序位依次"过滤"：

如果在身份层定不了输赢，就会进入到观念层进行辩论；

如果在观念层纠葛不清，再进入到关系层论亲疏；

要是关系层暧昧不明，得进入情绪层进行对抗；

情绪层还无法妥协的，最后都要靠身体层来承受和消化。

这一层层的过滤，就是一层层的减压和缓冲的过程。但身体作为最后的落点，则被迫吞下了最后的怨气。

然而身体是诚实的。身体不会反驳，它最终会以病变的方式来告诉你结果。

大多数人读不懂自己的身体信息，胃胀了只是觉得吃得不好，胸闷了就去外面散个步，透透气，甚至试图看喜剧逗自己笑……但很可能，你的胃胀是因为项目失控而导致的焦虑，胸闷是因为与爱人意见相悖而无从排遣，这些都是因为上几层防护没有完成过滤，才导致所有的问题都需要身体作为终端来承受。

图4

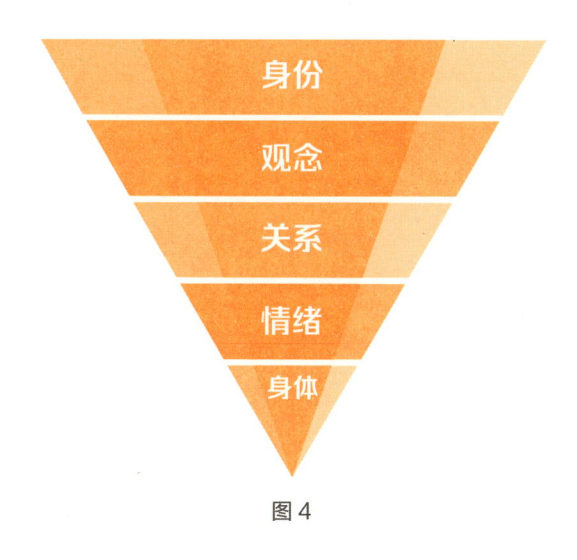

　　我非常理解许知远的情绪爆发——他没有否定自己的身体感受，感到难过了就直接跳起来，没在意其他层面的束缚。他的行为看似无礼，却对自己的身体反应非常诚实。

　　当然，诚实的表达有很多种，许知远从日常客套直接跳到发飙状态，也令我大为吃惊。因为在我看来，从"话不投机"到"人身攻击"之间有无数个层次，如果最开始就不压抑自己感受的话，之后也不会产生这么大的反弹（他在发飙前，还跟我说了无数场面话）。

　　因此我的忠告是，除非你真的不在意，否则请一定试着说出来。因为每一口怨气都是一个如假包换的病因。

第二原则：以彼之道，还施彼身

　　在城市中，很多人正在完成"原子化"的洗礼——脱离了故土，没有背景和人脉，胼手胝足地建构起自己的天地。

　　"原子化"的个人在面对这个社会时，行进的道路跟"修行"的原理几乎一样——通过修身来控制情绪，用情绪影响关系，靠关系协调观念，以观念去树立身份……原发点已从身份变成了身体，从"我是谁家的孩子"，悄然转换成"我想成为谁"。

颠倒已经发生。

身体是自我觉知的开始，我们都可能经历身份崩解、观念多元、关系疏离、情绪躁动，需要一步步去熟悉这个探索的过程，每一个层面的困扰都是全新的课题。在以前的社会结构中，不懂的时候可以请教父母和权威人士，不安的时候可以回家躲避——许知远之所以被我的故事噎回去，也是因为他抱怨的还是在框架内的委屈，而我从一开始就没有框架的保护。这根本就不是一个量级的人设。

但我的财富在于，因为从小就不相信父母或权威人士可以保护到我，我更能敏感地感受到这个"原子化"的社会正在发生怎样的颠覆。

是的，我在童年就已经完成了"原子化"的心理建设，我相信步步为营，并不眷恋任何"权威人士可以保护我"的妄想。

而在上一个稳固模型被彻底颠覆之前，难免有人还会留恋那种安全感和归属感。无论是企图寻求家庭的庇护，还是信某位"专家""大师"或"人生导师"，很多人毫不犹豫地捐出了"自我"（通过压抑情绪、漠视关系、观念屏蔽等手段），妄图一举解决人生中的所有困扰。

这种"黑箱化"的处世态度，本质上就是封建思想的残余（图5）。

但事实上呢？黑箱是会发酵的，乱作一团的层面只会更加污秽。所以在忍无可忍之际，有些人就会反出师门，把一切不如意都推给曾经的老师，然后转投另一尊"新神"……当然，也有一部分人彻底泯灭自我，成为言语寡淡、只会空喊口号的机器。

"黑箱化"是一切愚昧的表征，也是反历史进程的体现（图6）。

如果要在"黑箱化"这个点上予以回击，最佳的方式是"以彼之道，还施彼身"。

简单来说，就是再给他罩上一层黑箱。

图5：身体／情绪／关系／观念／身份

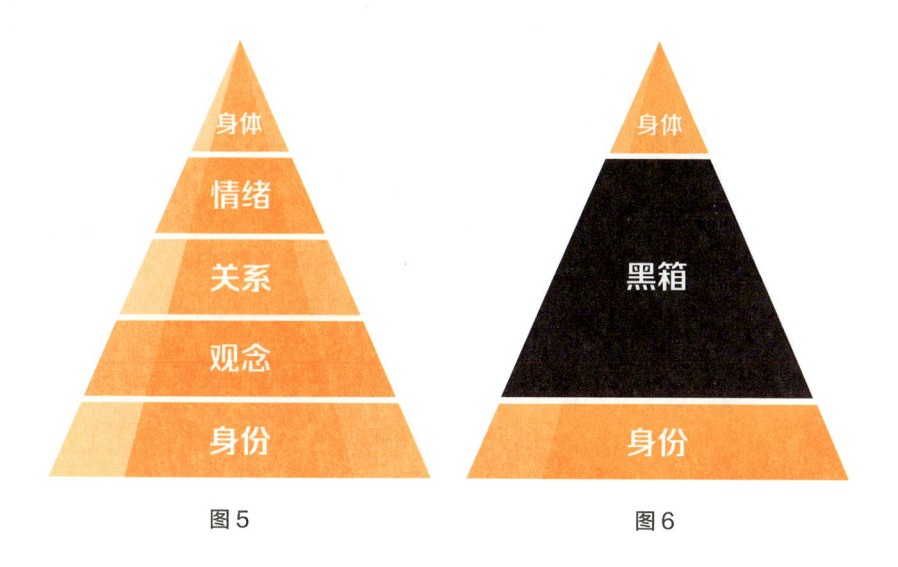

图6：身体／黑箱／身份

例如，如果你被老师因私怨在众人面前打压了，你可以用很诚恳的态度问老师："老师，我刚刚看到您言辞激动，请问您在内心深处是害怕自己不占理吗？"

接下来不管老师怎么否定和解释，你都用同情的目光看着他，频频道歉："我理解，我理解，让您当着这么多同学的面承认胆怯，的确是非常为难的。我以为以您的智慧应该可以直面这个问题……我不该提起！对不起！"

嗯，这就是新的黑箱——没有人可以验证，老师也没有任何解释的余地。黑箱的特性就是不透明，让其内部去发酵即可。

以彼之道，还施彼身，独裁者心胸最狭隘，黑箱也可以反着用。

第三原则：让关系更有质量

阴阳不分男女。有些男性很阴柔，女性却很阳刚——阴性的入口是情绪，阳性的入口是观念，但双方的战场往往落在关系层面。

这就说到我上面的问题：我要跟许知远建立何种关系？

"撕"，表面上看起来是对关系的破坏，但你也一定听说过"不打不相识"。

阴阳本是一体的两面，一定量级的阴性冲突，与同等量级的阳性关系会产生直接关联。比如，上学的时候，如果某个男生特别爱捉弄某个女生，就可能暗示了他对她有一定的好感，"骚扰"对应着"依赖"（图7）。

"撕"并不只是用来划定界线、宣泄情绪，它也是建立深入关系的入口之一。

关系的边界

"边界"这个词大家都很熟悉，经常会听到这样的说辞："这是我的边界，你不能过界啊。"大家回忆一下，人类最原始的边界是从哪里来的？假设你是一个原始人，当你走进崇山峻岭，你最原始的边界就会被唤起：我不能被吃掉。这个就是嵌在我们DNA里面的最原始的边界。

在日常生活中，我们很少会遇到这种生死攸关的边界，但我们经常产生被他人侵犯的恐惧。马克思说过，人是所有社会关系的总和。这里面就包含了所有的边界。比如我们熟悉的身体的边界、情绪的边界、关系的边界、观念的边界，以及身份的边界。

你划出的所有边界，都关系到你的安全感。

我的伴侣不能对我有二心，就是我对关系的安全感的边界的划分。最原始的"我不能被吃掉"的边界并没有消失，它划分成了身体、情绪、关系、观念、身份五个维度。我们经常在这五个维度之间跳跃，很少直接回到身体，说我们的身体被侵犯了。大部分时候，都是有关于观念的边界被侵犯了。你有时候会委屈，却不知道该怎么办，是因为你并没有特别熟悉，或者说不是特别擅长去维护自己对于观念的边界，进而维护自己的关系。所以，我们要学习树立和维系边界的方法。

我认为边界有两种维系的方法，第一是防御型的边界。

防御型边界的意思就是，你不能过来，这是我的一条界限，当然我也不会去进犯或侵犯你。只要我守住了这个城墙或边界，我就和你相安无事，我们井水不犯河水。

阳

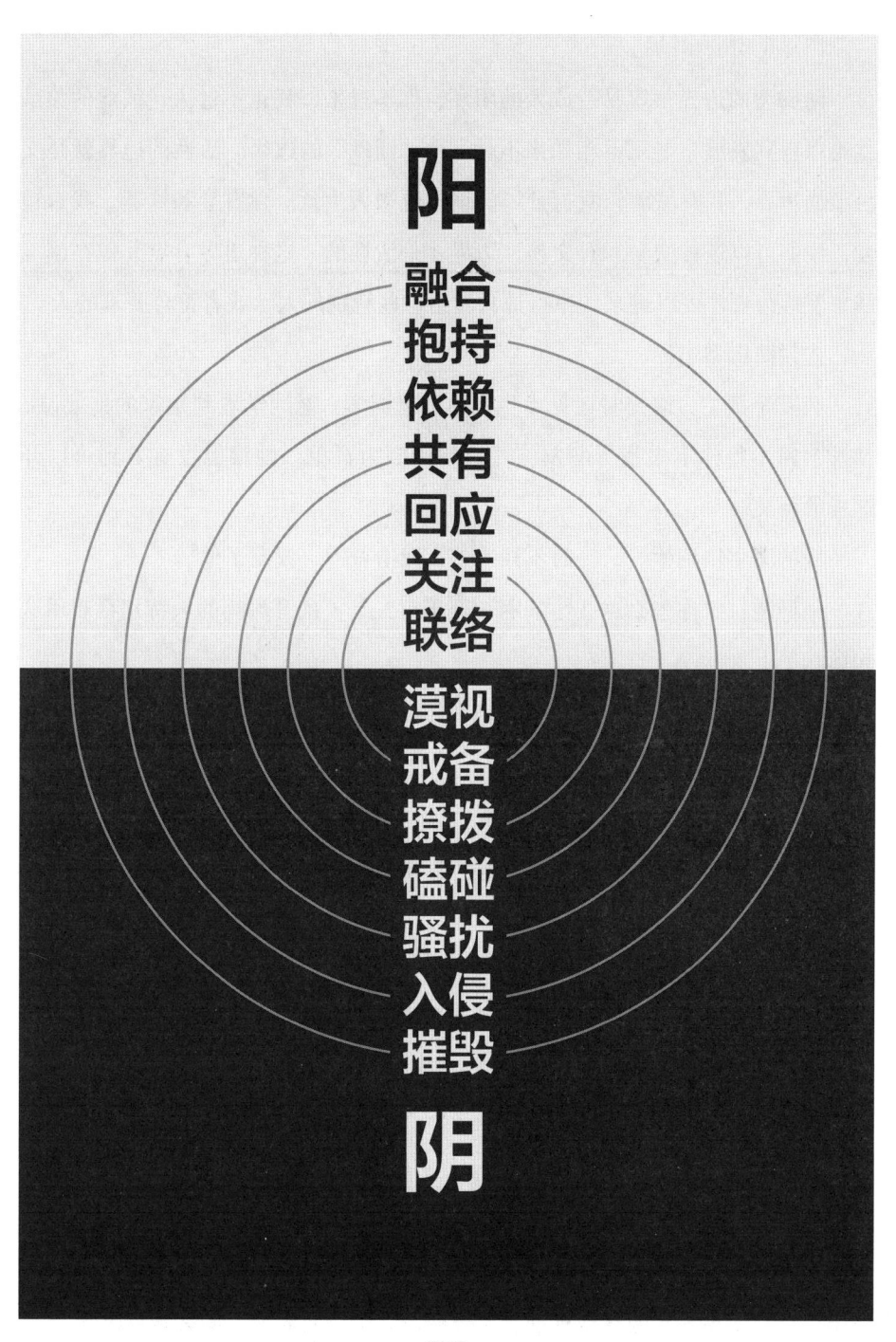

融合 / 合持
抱持 / 持
依赖 / 赖
共有 / 有应
回应 / 应
关注 / 注
联络 / 络

漠视 / 视
戒备 / 备
撩拨 / 拨
磕碰 / 碰
骚扰 / 扰
入侵 / 侵
摧毁 / 毁

阴

图7

第二是交易型的边界。

防御型的边界很容易造成人的闭环，你不过来，我也不过去，彼此的关系就难以得到发展。老死不相往来不是一个"活性"的边界。活性的边界就是交易型的边界，我有城墙，我打开城门请你进来做生意。你有盐和铁器，我有粮食，我们可以进行交易。有交易，边界才是活性的。这种边界有点儿像在国境线拿着通行证才可以进来。通行证只发给一些特别的人，或者符合要求的人。

先说防御型边界。

我有个案主，遛狗时遇见半生不熟的老同学。老同学看到她家的狗就说："哇，怪不得你不去找男朋友。"这句话颇为冒犯，她跟他没有熟到可以开这样的玩笑。

我的案主特别生气，一时不知道怎么回击合适，就骂了他。

他回道："你怎么这么小气啊，至于吗？"（乱开玩笑的人特别喜欢用这句话。）

这是非常典型的套路，他冒犯你在先，当你反击时，他又说你度量小，把你气得半死。

你该怎么反击才好呢？

我不允许你冒犯我，或者，我觉得什么样的玩笑是冒犯的行为，这由我说了算。

这是我主观的边界，我的主观我做主。

他用"你怎么这么小气啊，至于吗"来回击我的案主，这个行为属于假借了一个客观——用一个客观的标准"大方""不小气"来凌驾别人的主观感受。我们可以分三个梯度进行反击。

初级的还击是礼貌地回应冒犯，他假借了一个客观，你也假借一个客观。你可以说："真正有涵养的人是不会乱开这样的玩笑的。"

这是初级的，非常弱，但也不会有新的冒犯。这种反击的原理就是，对方抛出一个"不小气"的客观标准，你也回应一个"有涵养"的客观标准。

中级的反击是"我不喜欢你开这种玩笑"。

"我不喜欢你开这种玩笑"直接表达了你的态度。之前我没提起过我不喜欢这种恶意的玩笑，你是第一次，我原谅你，但下不为例。

为什么这句话比刚才那句话有力量呢？

第一，它表达并强化了我主观的态度——我不喜欢你的玩笑。把它从所谓的客观中拉出来，拉到我与你之间。一旦建立了我与你的关系，我的主观就变强了，我的主观就可以决定我和你的关系。即，当对方用一个伪客观来压制和凌驾你的主观时，一定要把冲突本身拉回我和你这个人的关系，而不是继续和他探讨伪客观标准。

重度的反击，"怪不得你没有找到女朋友"或"你女朋友真是个忍者"。

这种叫人身攻击，也是对冒犯进行的有力量的反击。他以开玩笑的方式先对你进行了一个人身攻击，你用调侃的方式回击他品行恶劣。因为恶劣的品行，你找不到女朋友；即便有女朋友，她迟早会因厌恶和无法忍受而甩了你。

这些案例是应激型的冲突，"撕"完可以永不相见。

更复杂的是结构型的冲突，即，你和对方有一个相对长久的关系需要维护，不可避免地有新的冲突发生。你不可能一劳永逸地解决所有的问题，这就是结构型冲突。

结构型冲突就需要结构型的防御。

结构型的防御就是你不断地树立合理的界限，划出新的边界。

"这一次饶过，下不为例"就是在不断地和对方形成新的契约，这个契约是以承诺为基础，不断地宣告自己的边界。所有应激型的冲突都有可能累积出一个结构型的防御系统。

交易型的边界是真正的人和人之间建立关系的开始。

交易型的边界是要建立人和人之间互通有无、社会活动中必需的边界。它既有城墙，也有市集，既可以把对方关在门外，也可以随时请进来展开合作，是我们日常中最需要设立的边界。

我有个案主来咨询，她老公一言不合就把城墙关起来不和她沟通。她不知道该怎么办才好。我问她在家里地位如何。

她说："我就是一个女王啊。我是上海人，我老公是乡下人，他能娶到我真是三生有幸。"

我又问："现在的经济状况是以谁为主导？"

她答："老公赚钱比我多得多。"

我说："你现在在经济上并不是主导地位，那你有什么不可或缺的资源是他需要的吗？"

我的案主想了想回答："可能是家的完整感？或者他还需要我这样的一个身份？一个体面的上海妻子。"

我说："那他外面有一个听话的情人，他一样可以不破坏家的完整啊。你的体面的上海妻子最后成了摆设，你是否真的期待这样的结果？"

她问："那我该怎么办？"

我对她说："他更有可能看重的是归属感，就像马斯洛需求里面说的，他需要爱，需要有归属、被尊重的感受。他如果不能从你身上获得，他可以从别的地方寻找。如果你要他做对家庭有益的或者讨你欢心的事情，你也要能给他最需要、最有价值的部分。比如，把你的笑脸给他。这就是你们进行交易的一个部分。"

她反问："我凭什么要给他？"

她还是执迷不悟。

我说："如果你不提供给他这个资源，又没有别的资源可以给他，那你们的关系必然会慢慢地枯萎。如果你一直要做一个女王，但你又没有足够的经济，或者其他优势的资源，你的王国当然就慢慢衰落了。"

她说："我的笑容是特别、特别真诚的，所以他特别需要我。"

"是的，没错，真诚的笑脸更值钱。但是他会遇到很多可以给他笑容的女人，她们的笑容可能不真诚。但男性有时候根本不在乎那个笑容是真是假，他要的只是心理上的慰藉。尤其是当他成功的时候，他需要有人为他鼓掌。久而久之，他就会去找那些笑脸，而不是要你的笑脸。你有没有意识到这件事情？"我说道。

咨询结束，"女王"开始警醒。

交易型的边界就是一定要看到对方要什么，你有什么，你想从对方那里获得什么，然后建立一个健康的、正常的、相互交易的边境系统。

综上，在你决定"撕"之前，一定要想清楚以下问题：

1. 我面对的是哪一种冲突？

我面对的是偶尔发生的应激型的冲突，还是每天都要面对的结构型的冲突？

2. 对方侵犯了我的什么边界？

对方侵犯的是防御型的边界，为了我的安全感，必须把他封锁在城墙之外？还是交易型的边界，我和他的关系充满活力，有很大的弹性？

3. 我要用多大的力度反击？

根据冲突的特性，灵活使用初级、中级、重级力度进行反击，这样才能更好地保护自己。

我把"撕"看成观念武学，就是因为它在理性的基础上面对关系上的冲突。

第二章

「观念武学」的基本要领

边界不同，捍卫的方法也不同

谈到工作，现在的人会有更多的选择和组合，但即便如此，我们也不会轻易地放弃一个工作，所以绝大多数人必须要面对工作中的人际关系。就像战争总在边界地带爆发，人际关系真正的落点也都在边界上。

工作里的关系可以分成四个边界：语言边界、行为边界、观念边界、权利边界。

第一，**语言边界**。

工作中可能会有人当面损你，背后说你坏话，或者更严重一些，散播谣言陷害你。他们用语言侵犯你，越过边界对你造成危害。

第二，**行为边界**。

行为的边界会更严重一些，他可能会侵占你的利益，在项目中邀功，或者把你排挤下去，这些都涉及具体的行为。

第三，**观念边界**。

观念就是对错，他们可能会用道德来凌驾你，说你如何不对，或者批评你，甚至证明你是个坏人。这些都是观念的边界，听起来好像很抽象，但事实上观念一旦形成，后面的利益以及其他的一些东西，都从属于观念边界。

第四，**权利边界**。

权利的边界指你和你的上级、你和你的下级之间存在的边界。比如，在工作中你生的闷气、吃的闷亏，大多是因为权利的边界被冒犯造成的。

权利的边界相对来说会更复杂一些。先从比较轻松的**语言边界**开始讲起吧。

我有个案主，她同事经常当面损她。比如，接一个新的项目，竞争对手的背景很硬，不好对付，她同事就会说："××，我们团队里你最凶了，其他人都是小白兔，只能靠你去对付他们了。"

我的案主非常生气："什么叫我最凶？！这个帽子是怎么扣过来的？"

针对这样的冒犯，我建议她这样回击："哦，再凶我也对付不了你呀。"——她给你挖了个坑，你就把她也拉到这个坑里。即，对方是很凶，但是我连你都对付不了，我怎么对付他们呢？这话也可以反着用，比如："我就是个纸老虎，哪像你呢，绵里藏针，说什么都是含沙射影，我怎么对付得了呢？"——这同样是把她拉到坑里。

这个办法叫截，截断它，把这个力量反推回去。但这个反推不是恶意的，而是用情绪来反推。

第二招就是堵。

我有个案主，和公司的一个大姐关系特别好，她们平时在一起嗑瓜子、聊八卦，打成一片的样子，背地里她却说案主的坏话，工作中也不配合。案主除了生闷气不知道怎么办。

我的建议是，下次一起嗑瓜子、聊八卦的时候，可以冷不丁地对大姐说："我听人说你在背后说我坏话，那怎么可能呢，我特别相信你，他们肯定是在瞎说。"

这就是堵，把她的那些辩白、解释都堵回去。不相信那些人说的话，她也就无从辩白了。

最后一招是埋。

当有人挖坑陷害你的时候，你该怎么办？

有个案主和同事合作接待一个客户，同事当着客户的面喊："××，你帮我拿这个，拿那个。"案主毫无准备，动作比较慢，同事就颠倒黑白，说她不配合。这就是挖坑陷害。

可以这样回应她，在公司的正式会议上说："我对你有些小意见，不要在客户面前相互拆台，私下再探讨。当客户面拆台会损害公司利益！"

这就是埋，她挖了一个坑，你把公司利益放进去，把坑埋上。

守护语言的边界相对容易些，以彼之道，还施彼身。当对方用所谓的"说法"挖了一个坑，你就反着用这个"说法"，把她拉到这个坑里。

接下来是比较严重的行为边界。

行为边界为什么严重呢？因为它和实际利益挂钩。

我有个案主与人合伙创业，她持 51% 的股份，对方是 49%，这样就能保证她在公司有绝对的决定权。具体的手续和章程都是合作伙伴去办理的，结果，她发现所有章程和手续上写的股份比例都是 50% 对 50%。

她去质疑对方，对方很委屈，用了一招"跨维攻击"："你为什么这么强势？你的强势已经给你的生活和婚姻造成困扰，你还要在我们的合作中继续强势吗？所以，你要好好反省一下你强势的性格。"

案主争辩，合作伙伴又一直说："你不把我当朋友。"

总之，你说公事，他扯私事；你说私事，他又跳到公事上，真的很难缠。

案主百口莫辩。

我给她的建议是把两个部分分开。

公司是一个利益结构体，友情是一个情感结构体。它们之间的目标和语境都不一样。利益结构体追求的是规则，而情感结构体追求的是沟通。先把这两个部分分开，利益就是利益，涉及利益我们要遵从相应的规则，在不经过合伙人同意的情况下篡改了公司的法律条文，这就损害了合伙人的利益。这个和友情是两回事，不可以混为一谈。

接下来谈的是**观念边界**的问题。

我有个案主，计划与人合作创业。她答应在周末给对方提供一个 PPT，但是因为各种原因忘记了，周一对方就开始用道德凌驾她：不守时，缺乏做生意的基本素质等，一直说，一直说。

她从内疚变成愤怒，觉得对方是借题发挥，站在道德高地上进攻她。

她希望对方停止，对方却说"耽误了多少事情你知道吗"诸如此类。

案主在理亏情况下被攻击，我的建议是把两个战场分开，不要混战。

第一个战场是关于利益的。给出的承诺没有兑现，案主有错在先，得先道歉："对不起，这是我的疏忽，给大家带来了麻烦。你是个重承诺的人，所以今后我不会再做失约的事。"

这是就失约之事给对方一个诚恳的态度，之后要开辟第二个战场："但是我不喜欢你用道德凌驾我，站在道德高地不停地说做人的道理。我年纪也不比你小，我也有我做人的准则。请你不要上纲上线指责我。你把自己高尚化了，这一点上我是不认同你的。"

把两个战场分开，该认错的战场去认错，该捍卫的战场去捍卫。这是最理想的做法。

那么，当涉及权利边界，即你的上级冒犯你的时候，该怎么办呢？

我有个案主在事业单位工作，她的领导会用各种小事为难她。比如，整理资料，说她整理不齐、编号不对，非常挑剔。这个领导唯一的权力就是在年底考评的时候给她写不好的评语。

我问她，想结构化解决问题，还是单点解决这个问题。

她说，都想。

我就给她提出一个建议，关键词：坐标。

坐标有两个含义，人设和规则。

第一个，你的人设。即你是一个什么样的人。

你在职场当中要给自己设定一个性格鲜明的形象，比如，性格直爽。给自己贴一个标签，所有的行为都要符合这个标签。开会的时候，你可以说："领导，能不能不要这么骂我，我虚心向你求教，您得好好教我。"等下次领导再挑剔，就继续说："领导，我不喜欢你骂我，你要教我。"

抓住机会强调不要骂人这件事情，哪怕在更大的领导面前，也可以保持这个人设，随时随地直来直去，舍得一身剐来给自己造一个人设，向大家声明某个界限的存在，这样他人就不敢轻易冒犯你。

第二个，是规则。

提高业务能力，在技术层面与大家达成共识，设定一个规则坐标。比如，整理资料档案，这不是谁单方面认为整理好了就是好了。确定大家遵循的是同一个规则，有一个明确的标准。达到标准了，谁也别指责谁。这样，不合理的指责、冒犯到来时，就可以拿制定好的规则和标准进行反击，捍卫你的边界。

职场中我们需要设立和捍卫的四个边界：语言边界、行为边界、观念边界、权利边界。

在后面的章节中，我会具体地讲解捍卫边界的技巧和方法，形成系统的攻防策略。观念武学需要有蹲马步的基本功，需要练习各种组合长拳，还需要掌握各种"兵刃"的使用方法，这样，在遇到攻击时可以本能地做出有力的回击，而不是吃闷亏、生闷气。

就像有人学功夫是为了打赢对手，但是在练习的过程中不会想太多"赢"这个目的，而是向内观察自己：我的内功、外功、兵器、功夫有没有提升，这才是最重要的。观念武学也是如此，我们学习"撕"是为了在冲突面前、在受到他人的冒犯和攻击时，捍卫自己的权利，守住本该属于自己的一切。

那么面对婚姻中的冲突与合作，我们该如何处理？

婚姻是一个非常终极的复杂关系结构体，所以我单独把婚姻作为一个"边界难题"拿出来探讨。比如我问，婚姻中你究竟想站在哪里？你有自己的**立场和目的**吗？

婚姻之所以复杂，是因为它集合了利益、道德、亲密关系、情感等多个维度，并将其整合成一体。展开来讲，婚姻制度还涉及伦理关系，包括与双方父母之间的关系、两个家族之间的关系，甚至涉及社会身份和地位。所以在婚姻中，是最难界定彼此关系边界。

首先婚姻是个制度，有其社会化的**"默认值"**。比如说，作为一夫一妻制的契约签订人，任何一方不能出轨，财产夫妻共有，这些都是现代社会赋予的制度。而人类的本性行为往往与制度背道而驰，比如男性相对比较花心，这在生理学上有一个支持理论，即男性要尽可能地把自己的基因传播出去，所以会利用一切机会进行"播种"；而女性由于每个月只排出一个卵子，且受孕后至少有十个月的时间没有办法照顾自己（如果加上养育期就更长），所以势必要和一个强大的男性保持紧密的关系以确保能好好照顾、养育后代。这是女性忠贞的生理学的基础。

这些生理基础、社会道德基础，以及我们对亲密关系的期望，被混合在一起装进婚姻这个容器里，所以婚姻作为一个社会契约制度存在矛盾在所难免。在这样的社会契约中，自己的立场和目的到底是什么？很多人其实并不清楚。

首先，开宗明义，我要说一个残酷但真实的观点：首先这个世界是一个"坏"世界，人也是"坏"人。就像顾城的诗里所说"黑夜给了我黑色的眼睛"，但是他还有下一句"我却用它寻找光明"，人们从来没有放弃去寻找一个好世界，幻想一个好世界的存在。

再说人为什么是"坏"的。每一个人生来都携带"自私的基因"。生理会下意识要求我们为自己争取更好的资源和更大的利益。

什么叫优越感和优势感呢？

优越感是保持一个精神上的相对优越，就是"我比别人更高明"。别急着否认。这是生物本能——我要比别的生物更加有生存优势。优势感来自明确自己掌握了更多的利益或权利。

在婚姻里，你和你的亲密爱人其实逃脱不了你作为一个个体所追求的第一个目标——我比你更优越，或者我比你更有优势。大家沉下心来，好好想一想。其实在生活当中，在婚姻当中，我们无论面对多么亲密的人，我们都在下意识地寻找优越感或者优势感。

我有一个案主，她老公嫌她买的奢侈品华而不实，她觉得老公虽然赚钱多但是没文化没品位。从她的态度上，我听出来她和老公有更深层次的矛盾。

果不其然，问下去之后就发现，她老公是从农村来的，她是北京人，当然也不是很富裕，属于城市里的中等收入者。她对自己的家乡有很骄傲的归属感，所以当年老公追她的时候，也就是一个农村人在追求城市代言人。他拥有开拓、向上、奋进等优秀品格，他拿这些和都市本地人天然的优越感进行平衡。

婚姻是由三个部分组成的，利益、道德、情感。

当老公在利益层面获得优势的时候，老婆就不自觉地用"道德"的东西（包含了她更高的精神追求、她的城市观念、她的审美）获取优势。这是她对抗在经济上占上风的老公的方式。

如果"道德"优势不起作用，她就会用情感优势（包含了我和孩子更亲密、这个家更需要我），甚至她会时不时冒出几句英文碾压英文不好的老公。她就会觉得自己在外企工作会说英文这件事情是更值得骄傲的。"我拥有你要追求的更高的位置，我是一个公主。"

退一步来看，他们在做什么？是不自觉地要比较，我比你更有优势或者更有优越感。我们天生想要占别人的上风，这就会产生冲突。

在一个家庭的亲密关系中，当老公要用钱来砸你，获取话语权的时候，老婆天然地会有一个反抗，我要用其他东西来还击。这个案主使用的武器就是绑架。我们经常听说道德绑架、情感绑架，就是试图用道德或者情感问题去解决利益问题。

就事说事，假设只说钱的问题的时候，怎么才能不用绑架就能达成平衡呢？

可以是老公赚钱，老婆理财，她负责理财的部分，做到每年有20%的递增，让老公觉得满意。然后，她在获得老公认同的情况下，添加一些奢侈品，使家庭生活更加有品位，组织一些娱乐或者旅游，让老公的精神生活更丰富，这是在利益层面的一个拓延。当这个拓延达成和谐或者平衡的时候，这个家庭很大概率是幸福的。

这个拓延如果被老婆用一个高高在上的方式试图去证明老公没品位："我更加厉害，我更加城市化，我是你一个泥腿子永远赶不上的都市女人。"那么冲突就会加剧。

我问了案主另一个问题："你为什么不去追求或者接受一个企业的高管呢？"这个问题把她问住了，她说她好像从来没有想过这个问题，她好像一直在追求一个踏实的、能够控制的，或者说能够凌驾的人。

我说："对，那样的人对你来说就像是土地。这块土地如果踩在你的脚下，你才会觉得安全。你看到天空多么高多么蓝，你忘记了你脚下踩着的是土地。真的要让你飞起来，和一个你样样都不如人家的高富帅在一起的话，你的自卑就会被唤起，产生脚不着地的空虚感，让自己害怕。现在，你很安全地踩在土地上，你要不要好好对待这块土地？"

案主问，怎么对待？

我说，很简单，就是我们说的第二句话——黑夜给了我们黑色的眼睛，但我们要去寻找光明。光明是什么？光明就是我们相信会有一个更好的合作的态度。

如果你的目的是让夫妻关系和谐平衡，就各自退后一步，在利益、道德和情感之间，找到双方的平衡点。有的时候，主动减弱道德优势，会增加情感优势，过分强调自己有优势只会加剧冲突。

只有在有优势的时候，人才会有真正的安全感，或者说才有真正存在的价值。但是婚姻需要双方主动地放弃自己的一些优势或者追求优势的心，达到平衡。

这个道理在其他场域同样适用。我们发生冲突的目的其实是为了寻求平衡。平衡之后又会产生新的冲突发生，因为人永远不能抹杀生物的本能——"我比别人更优秀"。

对与错是一个动态平衡的过程，并没有一个绝对的真理，或者一个绝对正确的方式来保证人与人之间不发生冲突。但是，我们追求光明的心，源自我们相信,漫长的生活中需要一双智慧的眼睛看到冲突,并通过行动建立动态的平衡。动态的平衡会让生活更有趣,动人的故事都是从冲突到合作。这样,才会拥有美满的结局。

不能拿结果说事儿

人类最核心的命题之一，总是关于善与恶。之所以要探讨善恶，是因为冲突的最高等级一般都与善恶观相关连，而且几乎每个人都在试图定义"善恶"，以抢占道德高地。

首先要说三个基本的哲学概念。

第一，善恶并不是绝对的。比如，父母用"都是为你好"来强迫子女。这到底是善，还是恶呢？所以善恶是相对的，从不同角度看过去，可能会得出完全不同的结论。

第二，善恶是一个流动的关系。善与恶的判定并不是一成不变的，不像老电影里的反派人物坏得彻底。而今影视剧都开始在反派人物身上挖掘更丰富的性格特征，例如怯懦、顽固。足以见得，善恶并非泾渭分明。

第三，善恶没有标准。标准只是当下形成的共识，不同时代，不同地域，不同民族，都会因为当时当地的需求而形成暂时的"标准"，比如"三寸金莲"，就是中国封建社会的标准美，放在当代已经完全不能成立。

先说善恶的非绝对性。我们经常会觉得，善就是善，恶就是恶。但是现实生活中却不是这样，比如一件事情从开始到结束，我们会发现，这中间交织着非常多的、难以判断的善和恶。甚至有的时候，我们原本以为是善的，最后变成了伪善；我们原本以为是恶的，最后变成真诚的坦荡，并且这个情况时有发生。

我有个案主，她的朋友在广州被一个传销组织控制了。这个朋友上厕所的时候偷了别人的手机把自己的地理信息发给了她。案主当时很害怕，但是她想尽了办法，召集了一些朋友，最后成功地把这个朋友从传销组织中解救出来。这本来是一个皆大欢喜的事情。这个案主不论从动机还是行为都是善的。

但是回到他们原本的城市之后，那个朋友与她渐行渐远，甚至到最后都不和她联系。面对她的时候也是一张冷面孔。对此，她非常不理解，不知道对方到底怎么了。

经过细细地询问，我才了解，案主的性格有点大大咧咧，每次朋友聚会她都把这件事情拿出来说，并需要这位朋友有一个回应，向她表达感激，导致这位朋友觉得特别丢脸。这个朋友本身不愿意面对这段过往，却被案主反复地讲起，羞愧得无处可逃，但又不愿意直讲，最后就慢慢和案主疏远了。

我对案主说，其实你宣扬这件事情本身，就已经从善变成了恶。这个恶，当然不是绝对的恶，你没有顾虑到对方的感受，当你冲冠一怒做出善的行为之后，你所有后续的言行都是为了标榜自己多么厉害，却没有体谅到她不愿意回忆这件事情。你从善变成了恶，而她现在对你的行为，也是一种对恶的反应。就有点像你划了一条小船送了一头猪给人家，送这头猪是你的善意，但是这头猪太重把船压翻了，这个时候，你该怎么办？你会怀念或者不停地强调你送猪的那一瞬间的善意吗？

这个例子同时说明了两个观点，第一个就是我刚才说的善恶并非是绝对的。大家可以看到善的动机和善的结果，帮朋友获得新生。但同时它又成为新的恶因——不顾他人的感受，不停地传播不利于他人的信息。所以，善恶永远是在流动的，互为因果的。

我们经常陷入一个迷局，就是和他人发生冲突的时候，我们会强调"我最初的想法是善良的"，或者"我最初是为了你好"。但是，如果我们把它放在一个时空的结构里，就会发现这个说辞是不成立的。我们一直强调自己曾经做过的事情，曾经造成的好的结果，却看不到我们已经开了一个新的恶的头。

那我们该如何去判断是善是恶？到底是不是有标准呢？

你会发现，当一个事情没有一个绝对的、可以量化的标准的时候，大家就会各执一词，这成为所有冲突的起源。

就像我们的爸妈经常说到的"我是为了你好"，比如，"你必须要结婚，如果不结婚，我就绝食给你看"。这个时候，我们该怎么办？我们是该判断他的动机是好的，还是该指责他的行为是一种强迫和绑架？我们到底该如何把这样一个具体的事情划分出善恶，或者，我们到底该如何面对这样的善恶交织的状况呢？

我有一个案主是医生，她感到非常困扰和委屈。值班时，她和同科室的熟人说话，一个患者走过来，问她儿科怎么走。医院是刚刚建成的，非常大，她一个化验科的人不太清楚儿科在哪里，就没有理会这个患者。这个患者可能是认为穿白大褂的人有责任帮助患者解决问题，就斥责她怎么可以这样做医生。案主觉得自己莫名其妙地被伤害了，说"我没有义务要去回答一个我不知道答案的问题"。结果，患者情绪失控，大哭大叫地骂她，用激烈的言辞攻击她，把对医疗体制的愤懑都发泄在了她身上。她当时非常害怕发生医闹或者其他一些她不能控制的状况，就躲开了。

她问我，她到底做错了什么。

我说，你当然做错了，你做错的是善的第一个基本条件——你不能感同身受对方的状况，你被自己的各种担惊受怕和责任岗位这些东西蒙住了眼睛，你忘了这个向你问路的人正非常焦急，只需要你一个基本的回应。你当然可以回应他说，"我不知道，新医院我也不熟"，再或者你可以帮他问问。这样一个最基本的回应，是对你自己的一个交代，也是人与人之间的基本善意。

我强调的这个基本善意，是善的一个基本立足点，也就是说，我们可能没有办法从一个具体的行为来判断是善还是恶。我们也没有办法以一个动机来判断是善是恶，因为动机无法查证。所以，需要有一个善的层次。

善的第一个层次就是以感同身受为出发点，也就是说，你是否能感同身受别人的困难处境，哪怕是一只流浪猫，你能感同身受它所遭受的痛苦，以及正在承受的一些东西。**感同身受的能力是善的源头**。

回到第一个案例，解救朋友之后大肆宣扬自己的善行，感受不到朋友不想面对这段往事的情绪，就是不善的开端。再比如催婚的父母，他们只是单独拎出了一个对你好的行为，这个行为本身缺乏一个善的基础——感同身受。

当我们学会了感同身受，有了一个善的基础，接下来的行为就是，基于感同身受而做出的一个尽可能利他的行动。

就是当你感同身受了一个人的痛苦或者是为难的时候，你是不是以自己的需求或者是私欲为出发点做出了一个利他的，无论是关怀还是棒喝的行为。行为本身并不重要，只是在当下，你基于自己的智慧和眼光，所做出的一个判断。

第一个层次是感同身受；第二个层次是做出利他的行为；第三个层次最重要，就是不能犯结果主义的错误。

结果主义的错误是指，我们以结果的好坏来判断这个行为的善恶。打一个简单的比方，遇到了一个拦路抢劫的人，我们可以好言相劝，我们也可以上去搏斗，这件事情取决于第二层面，就是我们做出了一个反应，做出了一个行为。但这个行为的结果可能是因力量太弱，害自己或同伴受伤，甚至死亡。你不能简单地用结果评价说跟歹徒搏斗是错的，因为一个结果是由非常多的因素所造成的，这些因素都不能成为判断善恶对错的标准。

当我们在评价何为善的时候，往往忽略了几个前提，只拿结果说事儿。比如，被父母催婚，遇到个差不多的就结婚了，婚后感觉挺合拍挺幸福，就反过来原谅他们当初过分的行为，这是不对的——这就是问题和命题的差异。把问题的解决当成了命题的正确。不管成因是什么，只要我们把这个问题解决了就可以认定当时所做的行为就是对的。但是，反推不成立，因为同样的行为可能会导致完全不同的结果。一个人想达成对自我的肯定，就不能把注意力只放在结果上，必须要有另外一个声音——用有关于命题的声音来问自己，"这么做，我的内心是否觉得是正确的"。

再回到善和恶的话题，我们所谓的正确就清晰可见。

什么是恶？

恶的第一部分就是，以我们主观认定的好和坏来判断或指使他人，本质上叫操纵。操纵有很多方式，比如说，冷战，逼迫，甚至是退行，自我伤害，其实都是一种强迫，只要是强迫，不管结果是好是坏，都是不善的。

当我们对善恶有一个清晰的认识，从感同身受出发，做出利他的行为，不耽溺于或者说不介意结果的好坏，这就构成了善的最基本的要素。如果你所有的行为，能自察出是否属于这几个要素，就能对自己的行为有最基本的判断了。同时，你也可以用这个标准适当地检视一下他人对你的冒犯行为，那些让你不舒服的东西是否正以善之名向你施行某种恶的行为。

善恶最主要的落点就是，当我们在人世间行走，有着各种各样交织两难的情境发生的时候；当我们和他人产生冲突，要和别人撕扯某个问题的时候，我们心中是否有一个叫作标准的东西。这个标准并不是一个绝对精准的尺子，但是只要有一个标准，我们思路就会相对清晰，不会在危机中过于慌乱。

这也就是本书的意义所在，我希望在你的心里种下一颗种子，这颗种子让你行走在善恶、是非、黑白之间，有一个属于自己的小小的标准，它是你这艘小船的一个锚点，无论处于怎样的惊涛骇浪中，你都是淡定的、安稳的。

化解冲突，需要"组合拳"

你经常听到这么一句话：知道再多的道理，也过不好这一生。这不是道理出了问题，而是我们还不能把这些道理变成真正有效的"组合拳"。我用一个案主的例子来分析一下组合拳的打法。

这个案主说自己胆子特别小，这和她的舅妈脱不开关系。小时候，她舅妈经常非常严厉地指责她，贬低她。长大以后她才反应过来，是舅妈本身脾气不好，借着为她好的名义把情绪发泄在她身上，导致她事事谨慎微小，一见到舅妈就浑身一紧，很想逃走。每次家庭聚会总会遇到舅妈向她灌输社会的黑暗。所以，她想用舅妈入手，好好练练怎么"撕"，进而彻底改变和舅妈的相处模式。

我就给她做了一个五步的组合拳的排列。

组合拳的排列，**第一步就是直拳**。

直拳的要领是什么？**就是直抒胸臆的表达**。直抒胸臆的表达，谁都会，但是现实生活中很难使出来。比如，讨厌某个人，但他是领导或长辈，我没有办法直截了当地对他说，我讨厌你，或者我害怕你。所以，直拳最大的问题在于杀伤力很大，打出来的这一瞬间很难提起勇气，因为它的反噬力太大。有些话一旦说出口，直拳打在对方的脸上，其反击之力，你不见得承受得住。所以，直拳需要提炼一个"核心情感"——是害怕呢？厌恶呢？还是无能为力呢？

我问案主:"你对舅妈的核心情感是什么?如果有机会让你打出一个直拳,你最想对她说什么?"案主是个二十岁出头的姑娘,她说:"我厌恶她,之前是觉得无能为力,也很害怕,现在却觉得,一个大人怎么可以把自己的负面情绪发泄在一个孩子身上呢。所以,我对她更多的是厌恶和逃避。如果我要打直拳的话,我会说我厌恶你,但是我不敢说。"

我说:"好的,那么我就进入**第二步**。我们**需要给这个厌恶增加一个情境**。"

什么叫情境呢?情境是有因有果的故事。也就是说,你为什么厌恶她,不能仅仅是一个感受,而是说她干了什么让你觉得厌恶的事情,比如说,她弄死了你家的猫,这个厌恶就直观具体了。但如果你仅仅说我厌恶你,就很难引起旁观者的共情,没有人会站在你这边。

我和案主商量了半天,案主决定这样说:"舅妈,因为小时候被你压抑,被你恐吓,我在你的吼叫中长大,变得特别胆小,所以我找了咨询师治愈自己,经过心理诊断,医生说我的问题很严重,这是长期接受负面信息的结果。"

这就叫作一个情境。

那么这个情境要放在一个什么样的场合讲呢?这就是**第三步,场合**。

你得挑一个非常合适的方式把这个情境表达出来。打个简单的比方,舅舅舅妈都在场,你该怎么说呢?首先,你必须分出正面角色和反面角色,就像电影里一样。你一旦要说舅妈不好,你就要把舅舅立为一个好人,比如,舅舅就从来不吼我,我和舅舅特别亲,所以舅妈,因为你吼我,所以我才变得胆子如此小,步入社会做什么都畏首畏尾的,都是你的影响。

这个时候,你和舅妈一旦吵起来,舅舅就会站在你这一边。我们可以推测一下,舅舅和舅妈两口子平日里肯定是有矛盾的,舅舅想息事宁人必然会和你站在一边,站在舅妈的对立面。最坏的情况,他也会做一个和事佬。这个时候,你就是拉了一个同盟。

你可以把舅舅当成一个盾牌,如果舅妈的火力过猛,你就躲在舅舅身后,说，舅舅，你看舅妈又在吼我——把舅妈暴躁狂的人设坐实。还可以选这样的场合，家族大聚会。大家正闲聊天，或者开饭前，你都可以用同样的招式，你在现场能找到很多盾牌。一旦舅妈要反扑你，你就躲在任何一个盾牌的后面，扮无辜装弱小。这就是场合的选择。

那么，**第四招**是什么？这招比较狠，有关**权威的加持**。相当于我们打直拳的时候，在手上扣了一个铁扣，杀伤力会加倍地增大。

权威加持就是，引用咨询师说的话。比如可以说："咨询师说了，因为舅妈不懂得控制情绪，以'为你好'的名义不断向孩子发泄负面情绪，这对任何一个孩子的成长都是不利的，会造成严重的性格压抑等等。"同时还可以根据舅妈儿女的性格上的缺陷，把性格缺陷形成的原因归咎到舅妈的坏脾气上，给她一个"欲加之罪，何患无辞"。舅妈能吼你，但她没有办法隔空对抗一个心理学权威。实际上，有点岁数的人都倾向于相信权威说的话。搬出权威就**相当于手上带了一个手扣**。

我们来回忆一下，第一，我们提炼了直拳的要领——厌恶舅妈。第二，直拳需要有一个情境，拳头打出去的时候需要一个有因有果的情境——舅妈总吼我，导致我心里压抑去找咨询师，舅妈是问题的根源。第三，选对场合，找到盾牌，可以是离间，可以拉拢同盟，然后扮无辜弱小。第四，权威的加持，一顶大帽子压下来坐实她的罪名。

最后就是**退路**。

这个退路叫作封路，就**是封掉了恶之路**。不想制造更多的恶果，点到为止。那就需要提前说出这样的话：舅妈，我现在也想通了，我原谅你了。我们是亲人，这事儿算了。

说清楚你不是一直处于不原谅她的状态，你提前原谅了她。

这一招其实是比较阴狠的。阴狠在于，对方还来不及和你争辩，你就提前把她的罪名坐死了。这个罪名使得她的退路，包括你可能要承受的东西，都会被封死。这就叫作封路。也就是说如果舅妈还不依不饶的话，旁边的人也会站出来说：哎呀，孩子都不计较你了，你干吗还不依不饶的……

你会发现经过这五个步骤，戴着手扣的直拳打出去相当于你回身摆了一下打在她的脸上，还迅速地撒了一层粉，把她脸上的伤痕覆盖掉，让她吃瘪。

从技术层面分析怎么主动攻击一个人，这套组合拳的五个步骤，你一旦练顺畅之后，你就拥有了一个结构型的攻击法门，捍卫精神上的安全感。

精神上的安全感弥足珍贵，这也是为什么我教大家在适当的时刻合理释放攻击性的初心，这并不是为了攻击谁，而是教你把原本混乱不堪的思绪和感受一层一层分离开来。这分离开的每一步都是理性的强化运用。

第一步，强化运用你的分析能力，**提炼出你对一个人的核心情感是什么**。这个特别重要。

第二步，**因果和情境可以反着用**。当你在对某些事情理不清头绪的时候，就用因果情境的方法搞清楚自己与一个人的关系的因是什么，果是什么，自己想达成什么样的目的。把它置于一个故事当中，让自己对一个人的情感更加清晰，对自己想捍卫的边界更加清晰。就像《荷马史诗》里被抢走的海伦与特洛伊木马，让读者把情感附着在这个因果情境当中。

第三步的场合，就是我们说有眼力见，能够充分利用周围各种各样的资源，帮助自己把感情抒发出来。这是我认为的天时地利——你对周围资源的系统性的认知。

第四步的**权威加持**，就是背后要有靠山，你建在一个什么样的理论系统上，**你背后有什么样的符号化的东西在支持你**。在博弈的时候，背后有没有人区别非常大。

最后关于原谅这件事情，你可以真的原谅，也可以做出原谅的姿态，以封路的办法堵住对方的口。真和假，都是你自己的选择。在案主和舅妈叫板之前，她是没有这个武力基础的，即便想原谅，对方也会嗤之以鼻。也就是说，如你想获得尊重，首先要获得"武力"上的实力，还要拥有尊严层面上坚定的立场，这样才有机会去和对方说我原谅你了，或者，以原谅的姿势"伤"人于无形。

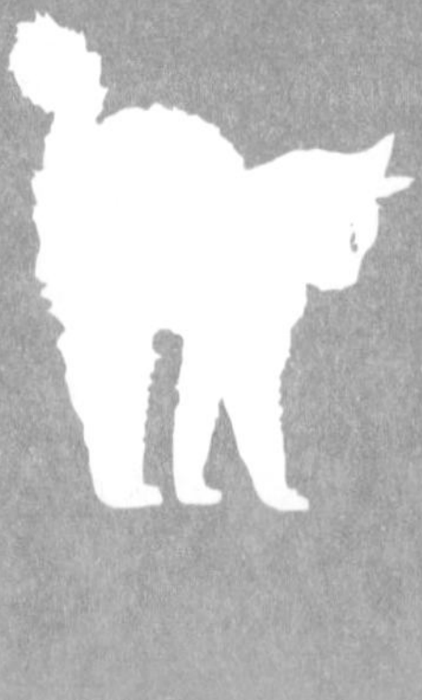

第三章

活出必要的锋芒

通过以下具体的案例，我们进一步消化"组合拳"中涉及的诸多方面。这些对话取材于我一对一的解案工作，有些问题被我一针见血地剖析开，有些只见到冰山一角，有些则依旧无解……这并不是严格意义上的心理咨询，但这些真实的日常琐事可以用来探讨"观念武学"的不同情境，辅助大家更好地见招拆招，拳拳到位。需要强调的是，这些真实的案例只是一扇扇大门，它们本身并不能提供完整的解决方案，甚至只是某个情景的浮光掠影，但如果它能由此触发你的深度思考和探索，则已经完成了使命。

另外，我也要在这里感谢无私提供案例的各位案主，有关隐私的部分已经被充分处理，敬请放心。

公众场合里的冲突

我被外国服务员歧视了——表达你的愤怒

奇奇妈：在酒吧结账时,我发现多算了一块芝士蛋糕的钱,询问服务生,他却说单子已经打出来了,如果不算进那块蛋糕的钱,老板会认为是他把钱私吞了,会被骂。还说:"你看,我送了你们很多饮料,要不这个蛋糕钱就算了吧!"之前服务生上错几次菜,作为补偿,送了一杯黑啤和一杯鸡尾酒,他想这样抵掉那笔钱。

Ting：你完全可以回答他:"你算错钱,和你送酒是两码事,送酒是你要送的,我们没有主动要。钱是你算错的,你就应该承担这个错误造成后果。"

奇奇妈：一番讨价还价后,服务生说:"好吧,你们中国人就是麻烦。"气得我当场无语。这是一家开在上海的酒吧,外国人开的,服务生是亚洲人,但不清楚是哪个国家的。

Ting：回怼过去,"谢谢你不远千里来赚我们的钱,不得不服务麻烦的人,你活得也太憋屈了吧!"如果还不解气,就去找他领导投诉他侮辱顾客。

奇奇妈：他好像就是领班!

Ting：那就找经理啊……就看你怎么你用这个把柄了。其实,让你更生气的是,自己当时没有回击，对吧？

奇奇妈：对对对，憋死我了。

Ting：这种情况下你完全可以直截了当地表达自己的愤怒，不需要什么招式。一拍桌子吼起来，在场中国人都会挺你。

奇奇妈：凌晨一点了，人也不多。

Ting：这不是重点。重点是直接表达，不要瞻前顾后，憋坏了身体害的是自己。我一直强调的"敢不敢撕"就是说这个问题，因愤怒让身体遭受伤害，这是暂且看不到的因果关系。不要总是把其他顾虑放在身体感受的前面。

奇奇妈：不敢"撕"，也是担心自己没有能力应对后续的纠缠，可能会遭受更大的还击。

Ting：所以更需要平日里多加学习和演练面对冲突时如何释放攻击性，"撕"回去。内力和外力要兼修，演练招式和实战并举。

本案要点

　　我故意显得偏情绪化，因为案主不可能再回到事发当场，但她的负面情绪需要被引导出来。这就需要咨询师有一定程度的共情，让案主感觉找到了一个比她本人还"义愤"的好朋友，案主的情绪得到了某种认同，更易于抒发。

　　其次，本案的重点在于"身体感受"，即当你感到不适时，首先最应该考虑的是自己的身体健康。任何委屈和不甘都有可能导致身体持续处于不佳状态，"忍字头上一把刀"，为了不让刀伤到自己，你需要认真学习"刀"的使用技巧。

如何回应朋友圈的冷嘲热讽——权威"扫堂腿"

天外炊烟：我在朋友圈发了一个动态，"梦见外婆死了，很伤心。梦醒以后觉得轻松很多，觉得自己的悲伤被释放了"结果，并不熟稔的初中同学回复，"逝者已逝，这样总拿出来说，好吗？"两个月前，外婆去世的时候，我发过一条朋友圈，之后再没有在朋友圈里提这件事。被同学这样回复，很生气，但更生气自己性格软弱不会反抗。

Ting："撕"这样的人，要用扫堂腿。

天外炊烟：怎么用？

Ting：扫堂腿，就是看他的下盘站得稳不稳。因为他是站在"传统道德"上对你发难，那么，传统道德中的"孝道"究竟是什么？其实对传统孝道，当代人误读的地方挺多，如果你掌握了比他多的信息，就可以扫他。比如——"我还以为你多懂传统文化呢！"

天外炊烟：你这一招很适用，我身边的人好像都是站在道德制高点的。但以我对他的了解，他会直接爆粗口。

Ting：把他推向跳梁小丑的角色设定。假设权威下盘不稳。扫倒他，再踩一脚，用俯视的姿态对他说，"看到你这么蠢萌，我就不生气了。留言我就不删了，留着乐一乐"。

天外炊烟：冲突发生的第一时间，我总是反应不过来。

Ting：这就是练套路的原因，习惯成自然，现场下意识使出来。

本案要点

只有你自己能定义何为大事,何为小事,到底要不要较真,遵从于自己内心的感受最重要。事实上,有些人的确会利用看似"无心之语"或"道德凌驾"的方式到处践踏别人,这在网络上最为常见。我在前面就提到,从原理上来说,每个人都需要找到一定程度的优越感,如果你能辨识出对方的"侵占"意图,我个人很支持你寸土必争。

我不想再忍孩子的老师——后退一步看结构

Aurora：我非常看不惯孩子的老师，她总是在群里发一些示威的信息，想"撕"她，又担心孩子被报复。有次做瑜伽就把手机关机了，老师给我打电话没打通，就在班级群里让其他家长通知我赶紧回她电话。老师气急败坏地说孩子撒谎成性，屡教不改。孩子不愿意坐凳子，还斜眼看老师，非蹲着上完一节课。Ting，我心里真的挺难受的，一个8岁的孩子不愿意坐凳子肯定有自己的原因，作为老师怎么一点慈悲心都没有？动不动就给孩子贴标签（就像这次说孩子爱撒谎），不尊重孩子，动不动就惩罚孩子。不愿意倾听孩子内心的想法，还把气撒在家长身上，说家庭教育出了问题。我也曾努力跟老师搞好关系，所以每次老师说孩子的不是，我都回应一定严格教育孩子。但内心真的不认可这样的老师，一直在想办法跟她"撕"回去，可又担心自己得罪了老师，倒霉的事让孩子承担。孩子每次放学回家都开开心心的，即便在学校受了委屈也不跟父母说。

Ting：不要把一个年深月久的问题当成急病处理。与老师的冲突，实际上是个结构型的问题，你和孩子的关系、你的个性、孩子的个性、老师的个性、家庭教育模式、学校教育模式，甚至你和自己父母相处的模式……都有可能是问题的一部分。如果只抓住老师一个人说事儿，怕是就像得了胃溃疡，要拿一包瓜子说事儿。先退后一步看看这个结构。我可以扮演一下孩子，你来和我沟通。

Aurora：妈妈今天看到老师在群里发了一段话，说你蹲了一节课，是吗？

Ting：嗯。

Aurora：蹲在那儿是不是感到很累？

Ting：还好。

Aurora：45分钟没有坐凳子。

Ting：对。

Aurora：老师批评你了吗？

Ting：嗯。

Aurora：老师批评你的时候你内心是什么感受？

Ting：没什么感受。

Aurora：Ting，我孩子说他很紧张很害怕。

Ting：你当我是另一个儿子好啦，更难沟通的那个。

Aurora：妈妈看到老师在群里这么说，很心疼你。

Ting：我知道。

Aurora：你愿意蹲在那儿蹲一节课吗，还让老师不停地说你？

Ting：妈，你能不能不要这么烦。

Aurora：还有，今天中午老师给妈妈打电话了。妈妈跟老师沟通的时候心里也有点紧张。还顶撞了老师。

Ting：我去做作业。

Aurora：妈妈只是想跟你探讨以后发生类似的事情，我们该怎么做。

Ting：你就不能让我安静一会儿？！

Aurora：我第一次做你的妈妈，我也在认真学习。我第一次做一个小学生家长，说实话，我在跟老师沟通方面真的没有经验。

Ting：你到底有没有听到我说烦？

Aurora：Ting，如果孩子表达了烦，我就就此打住，什么都不说了吗？

Ting：你现在还是妈妈，我还是孩子。继续。

Aurora：我知道了。孩子现在不太愿意跟我沟通这件事儿。那我们暂时不说，等孩子愿意跟我沟通的时候，我们再说。

Ting：谢天谢地。我不想跟你说这些事。这是我自己的事，你又帮不了忙，还给我添乱。

Aurora：好的，那你就去做作业吧。Ting，我感到好无力啊。我那么心疼我的孩子。可是我什么都做不了。

Ting：你退后一步，看看自己在对话里的状态。

Aurora：越着急越不好。我急于跟孩子沟通，急于把这件事给解决了。

Ting：是啊。

Aurora：我希望当下就能跟他商量一个方案出来。

Ting：你的入侵性和目的性都太强，这不是沟通。

Aurora：那什么是沟通？

Ting：你急于要实现自己的目标，孩子甚至成了你实现天下太平的"工具"。在对话中，你忽略了孩子的需求，以为"在学校里不被老师惩罚"也是他唯一的需求，是你们共同的目标。但其实未必。

Aurora：孩子难道不希望跟老师和谐相处吗？难道不希望妈妈支持他把这个事儿解决吗？

Ting：这个"难道"，就是问题所在——你的默认值不经探讨。你在"难道"之前，问过孩子的感受吗？你就不能在扑向问题之前，问一问孩子愿不愿意成为你的队友吗？

Aurora：是的，我并不知道孩子内心真正的想法是什么。老师打电话给我，我特别难受，就急着通过孩子跟老师达成和谐，只是想把我的情绪给解决了。

Ting：对，你想解决的只是你的难受，孩子成了你的工具。被老师批评，她可能也难受，但难受的点未必跟你一样。没准，她难受的是你不停地烦她。老师烦她，也就一节课，过去就过去了，很短。可妈妈烦她，没完没了，无处可逃。

Aurora：Ting，那您说再接到老师的电话我该如何做呢？不管老师什么态度我都要忍着吗？

Ting：你的入侵强度我都怕，何况孩子。

Aurora：天哪，我从来没感觉过我这是入侵。

Ting：退远一点，再退远一点，等到孩子需要你的时候，你再上前。她伸出手的时候，你看到就好。

Aurora：可是，我很难受，该怎么办？我看这老师不顺眼很久了！

Ting：你需要得到孩子的允许。如果孩子允许你跟老师表达不同的意见，并愿意成为你的同盟，愿意承担后果，你可以去"撕"。否则，老师制造的困扰，那都是孩子自己的事。

Aurora：也就是说，孩子没允许之前，跟老师不要有太多冲突性的沟通，就让我自己难受，什么都不用管了，是吗？

Ting：老师是孩子想靠自己要处理的环境问题，不是你的。她如果愿意借助你的力量，你可以成为她的工具。但如果她不愿意，你不可以越界。

Aurora：谢谢。本想来学如何"撕"老师的，却看到了我的入侵性。

Ting：你随意插手，她就得同时对付两个"恶势力"，连退路都没有。你可以成为她的退路，这样，家至少是安全和安静的。这一点比在学校里是否受到不公平待遇更加重要。学校只是暂时的环境。最重要的是你营造的安全的家，家是用来休息和疗愈的。不要把家变成另一个战场。

Aurora：我多想有这样的家，却从来没有过。Ting，那下次再接到老师这样的电话，我该怎么答复老师？用什么态度？

Ting：把自己想成10086的客服就好。

Aurora：是不是以后老师这样对孩子，只要孩子不提出需求，我就不用管？

Ting：你可以问孩子是否需要。

Aurora：可我心疼孩子。

Ting：投鼠忌器，孩子是花瓶，老师是老鼠。打老鼠害怕打碎花瓶。那就把花瓶放在老鼠够不着的地方就好。无论孩子在学校怎样，你要对她体谅再体谅，关怀再关怀。

Aurora：我小时候没有得到父母的保护，不想让孩子跟我一样。

Ting：很多家长小时候遭受了不公平的对待，所以不想让孩子也和自己小时候一样，想保护孩子，替孩子挡掉挫折。可是，成人之后我们好像都忘了正是那些挫折令我们成长。或多或少的，童年创伤与人生成就有时候是买一送一的关系。所以，不要那么怕孩子受伤。

Aurora：我只要孩子健康快乐，才不在乎什么成功。

Ting：好命题。快乐是什么？人生好比一部电影，没有情节，从头到尾相亲相爱风平浪静，一点挫折和冲突都没有，谈何观影体验？为人父母因为自己怕疼，就假设孩子也怕疼，但趋利避害并不是所有人的追求。父母眼中平安快乐的事情，也许并不是孩子的幸福默认值。不把自己的意志强加在孩子身上，保持自省，认识到自己的默认值不是孩子的。虽然说能走出童年创伤的人的微乎其微。可是，就像我们教孩子掌握很多技能，初衷是为了让他以后有选择的权利，而人生幸与不幸的经历，可以在做选择的时候不那么自以为是。

Aurora：要怎么做才能避免把自己的意志强加在孩子身上？

Ting：在一段关系中，"你需要我做什么"是一个很好的开始，不管是孩子还是朋友。他想自己静静，你就走开，这就是最大的支持。有些事情暂时无法解决的，那就让它在那里好了，总比"都是为了你好"自告奋勇地参与进他的问题中，好太多。

Aurora：可是做父母是要强制孩子的一部分行为的，比如做作业，比如餐桌礼仪，这种情况下孩子反抗，需要强迫孩子吗？

Ting：生活中，家长的保护责任、教育责任和入侵性的确很难分清界线，而且每个孩子的个性不尽相同，不能一概而论。我的建议是，行动之前退后一步看看自己，分辨一下，这样的保护和教育是满足了自己的需要，还是孩子的需要，如果是孩子的需要就继续，如果只是自己的需要就不要强加给孩子。孩子有需要的时候你再全力接引，孩子拒绝的时候不强求。

本案要点

有时候我们需要步步为营地争取和捍卫权益,但比这更重要的,是能看清自己所处的"结构体",获得全局性的视角。

亲子问题是最复杂的关系之一,上面的案例只是个案,但它或许可以提供一个非常规的视角——在你与孩子的关系结构体里,你自己是否是那个经常越界的人?案主因为爱子心切,急于替孩子解决具体的问题,却忽略了"人生是个整体"这个事实,父母真正应该关注的,是孩子自身的主动性——这件事情他要不要解决,要怎么解决,能不能承受相应的后果,都是他的人生课题,而不是父母的。

邻居要投诉我的幼儿园——对抗中的个人和结构

阿洁：我在小区内一幢居民楼的一楼开办一所小型幼儿园，快十二年了，最近被三楼一位住户举报幼儿园太吵。我与她沟通，对孩子的活动时间做调整，但她的态度非常强硬，竟提出让我买走她房子的要求。幼儿园是有正规手续的，我才不怕她。但是，我最担心的是三楼住户使阴招，例如，向楼下撒东西伤到孩子，或者招生期间挂横幅影响幼儿园的名声……

Ting：你表象上怕的是生源流失，背后怕的是什么？

阿洁：怕被关门。

Ting：对你的影响有哪些方面？

阿洁：特别喜欢这个工作，不想被人毁掉。

Ting：如果关门，你就不能从事喜欢的职业了，是不是这个意思？

阿洁：也不是，我在自己家开办幼儿园，一楼这个房子是我自己的。

Ting：哦，明白。也就是怕生源会受到影响，其他无碍。

阿洁：对的。

Ting：做幼儿园，你投入了多少？如果不做，你的经济会出问题吗？

阿洁：经济不会受影响，只是觉得不爽。

Ting：好的，我清楚了。这个冲突是一个标准的"老鼠屎"式的战斗。所谓老鼠屎，就是对方是"个体"，你方是个"结构体"。她是一粒老鼠屎，你是一锅粥。作为个体，她毫无顾忌，而你作为幼儿园的经营者要考虑多方面的结构型利益，孩子的安全、家长的信任……所以她无所顾忌，你投鼠忌器。

阿洁：是这样的。

Ting：破局的点在于，其实她也有她的结构。你如何才能把她的结构找出来？两个方向，要么你退到个体层面跟她搏杀，要么你找到她的结构，结构对结构。

阿洁：这个点我懂了。

Ting：如果明白了原理，你说说看，在冲突中怎么回到个体，或是怎么找到她的结构？

阿洁：我说，谁的工作都不容易，她说，她家有亲戚做官……我说，退一步海阔天空，把我逼急了我什么事都能干出来。

Ting：不妨想一想能跟狠话配合的行动是什么？越具体越好。

阿洁：没想过。

Ting：嗯，我来引导一下。回到个体的层面，可以跟她说，你会挂横幅影响我招生，我也可以在小区里挂牌子"××房子死过人，千万不要买"，你不撤横幅，我就不撤牌子。这是个体对个体。

阿洁：也是个方法。

Ting：我说的是原理，原理就是区分得出她以个人方式入侵了你的结构。她做到什么程度，你就可以反过来做到什么程度——她所谓的做官的亲戚也是她的结构，你一样可以用个体的方式去破坏她的结构。不要执着于眼前的表象，要看到背后结构的存在。她牵动的是你的结构，你也可以依此反制。每个人都有结构，也都有怕被牵连的软肋。

阿洁：她在小区各部门把幼儿园的情况反映了一遍，但没得逞。

Ting：对，她在不断影响你的结构体。你要怎么反制？你怎么影响她的结构体？

阿洁：周五画风有点变，她说看我态度挺好，不告我了。但律师费1万、小区物业费1万多由我出，她就让步。

Ting：看来你陷在现象里出不来了。我跟你说什么原理都是白搭。

阿洁：什么意思？

Ting：你只想从我这里得到"一招制敌"的绝技，打赢了就算完……如果是应激型的冲突，你这样是可以的，但你这个是结构型的冲突，每天都有可能发生，情况不停在变，任何招式都会过时。所以，我上来跟你说的是"原理"，但你完全没理解，只关注具体的现象。你不输谁输？

阿洁：我对她的情况不是很了解。

Ting：我对你的情况也不了解。那我们是不是就停留在"不了解"上，然后静待事情找上门来？

阿洁：我找不到深入的点。

Ting：你是不是觉得，最好我亲自去一趟，帮你摆平了这件事，然后你请我吃顿好的，这个你最擅长？你只想要条鱼，你不想学捕鱼。

阿洁：是有点。

Ting：三楼的机构就是她的"有亲戚做官"。找到信访、纪检等对她有制约的部门，投诉她。个体对个体，结构对结构，势均力敌才有可能打赢。你对自己的手续齐全很自信，可是三楼业主完全可以拿噪音污染打你。

阿洁：是的，孩子的吵闹声是不可控的。

Ting：这一点你先天是不占理的——幼儿园吵闹引起的纠纷不归教育局管，所以教育局也保不了你。三楼住户针对的不是你个人，而是制造噪音的幼儿园这个结构体。你要迎战，就要找到她的结构体，而不是让自己成为一锅粥，让对方扮演老鼠屎的角色，而你拿她没办法。

Ting：逻辑不是因果，在冲突中对错不代表输赢，技术和目的要分开，思路才会清晰。

阿洁：是的。

本案要点

深陷问题的表象时，会看不清问题真正的关键所在。本案的重点在于"错位"，当案主以幼儿园这个结构体去对应对方的个体行为时，相当于背负着重重的壳子在近身肉搏，所以必然处处掣肘。更为妥善的做法是，要么退一步回到个体对个体，要么进一步去找到并反击对方的结构体，这样才能进入势均力敌的对战状态。而且这是一个显而易见的持久战，不能抱有速战速决的侥幸心理。

网课退费——不占理就不要撕

我要动动：我之前报了网课不想上了，申请退费，客服说按规定要扣掉 6% 的管理费用。购课之前有一条这样的说明，我当时并没有留意，现在退不回全款，得扣掉 6%，肉疼，想"撕"回去。我怎么"撕"？

Ting：不能"撕"。你现在觉得不合理，但你的权力是"前置"的，可以用不付钱来定义不合理。但如果付了钱，就相当于认同了它的合理性，这样的"后发制人"根本没用，除非对方在服务过程里有重大偏差，否则没办法"撕"人家的明文公告。不买单之前可以谈任何条件。但一旦买单了，权力就到了对方手上。

我要动动：还是不想白白送钱，我还能做点什么挽回损失？

Ting：你没有白白送钱。至少得到了客服的优质服务——她的薪水，就是你那 6%。你替社会创造了就业机会。如果你是那个客服，肯定会向家人吐槽这个客人太可气了，自己没看清楚还要赖我们。你这口气，我个人觉得是自己找的。我不站在你这边。我虽然鼓励"撕"，冲突面前合理释放攻击性，但这件事不属于"撕"的范畴。

我要动动：他们的广告很狡猾，6% 管理费这一行字很小，诱导欺瞒顾客！

Ting：哈哈，字再小也是字，你个子再小，也占一页户口本。这个点不成立。重点在"明文"，不在字大小。

本案要点

"身怀利器，杀心顿起"说的就是如果你掌握了某种优势，除了能保护自己，是不是也会生起"伤人"的不轨心念。学习"撕"的技术，是要有自保的能力，而不是给自己的不讲理赋予利刃。

职场里的冲突

前老板让我又气又恨——自己心中的"绝对道德"

烁烁：偶遇前老板，发生了不愉快的事情。之前共事的时候，偶有小摩擦。恰巧有亲戚也在做这一行，老板就怀疑我转移公司资源。我对此感到很不开心，骑驴找马地换了个行业，离职时也隐瞒找好了下家这件事，只说要回老家休息。可是，过去一段时间后，我觉得离职这件事处理得不妥当，自己应该大大方方地告诉老板，自己没有转移公司资源，现在的工作所在的行业和之前那份工作是截然不同的领域。我发短信给前老板，表示了当时的年少冲动，没有很好地处理离职跳槽这件事情，前老板回复说没关系。偶遇后，我主动跟前老板打招呼，但她没有理会我，感觉自己被无视、被羞辱了，火气很大。用了好大的力气才平复了情绪。我很内向，每次跟人打招呼前都要做很大的心理建设，前老板的无视，很让我不爽。Ting，你教我怎么"撕"回去。

Ting：你当时为什么隐瞒跳槽呢？出于什么考虑？

烁烁：一、担心她不放我走，我的借口是女大当嫁，她很难反驳；二、我有些不好意思，因为那边待遇更好，但当时我很难和她坦诚地谈钱，我们从无到有，一起把公司做起来的；三、我不敢对她说我要跳槽，我已经预设了她会猛烈地批判我。当时我确实觉得跳槽不好，所以没敢说。

Ting：你这三点都是"担心她"，如果没有"她"，你做事的准则是什么？具体来说，如果没有一个让你害怕的上司，你自己的行为是有准则的吗？

烁烁：就辞职来说，如果不是"她"，我可能不会找各种借口，直接说我跳槽了，但不需要交代去了哪里。

Ting：嗯，在职场如果一直碰到这类的"她"，你就永远不能"做自己"吗？

烁烁：以前似乎是的。但现在应该不会了。

Ting：现在跟过去的区别是什么？你不畏强权了？

烁烁：因为做自己更重要啊，要有断掉关系的觉悟。当时连和她断绝关系的觉悟都没有。现在的我不畏强权，也敢去跟人"撕"。后来有一次辞职，我就直接说了我的想法，为了挽留我，那家公司给我更好待遇，但我还是走了。

Ting：也就是说，你意识到在生活中的行为，是为自己而做，而不是为"她"？

烁烁：是的。可是上周末她没理我，还是让我很难受。说实话，我不确定我敢不敢和她"撕"，我对她还是有种惧怕。总觉得她一"撕"起来就会不顾一切。

Ting：现在先不用跟具体的"她"撕，只说普通状况。如果有人漠视你，你会为自己做什么？你会对那个人说什么？

烁烁："别人没看到我"，这是我的第一判断，根本不会觉得别人漠视我了。

Ting：如果是重要的人漠视你呢？故意的。

烁烁：如果我们相处一直挺愉快，我会去求证怎么回事。如果有过不愉快，我心里可能会不太舒服。

Ting：好的。我接下来会讲一个重要的概念，然后我在这个概念的基础上继续问你。刚才的对谈中，我们的关键词是"绝对道德"。所谓"绝对道德"，就是你不管对面的"她"是什么样的，你的绝对中心是你自己，你的行为准则也是围绕着自己的判断展开。你刚刚说到"隐瞒"，而且说了各种担心的点，都是围绕着他人展开，其实违逆了你心中的"绝对道德"，潜意识不被自己所原谅。那个"她"，只是把这种不原谅给显化出来给你看了。其实这件事跟"她"无关，也是一个"内奸"的问题——你是否原谅你自己的怯懦。"她"不重要，她只是内奸的显化。所以我进一步的问题是——你要面对你的怯懦吗？

烁烁：无论何时，再次面对她，我依然像以前一样怯懦，我恨她，其实是我自己本身就这样。我以前发过短信，也是在祈求原谅。她年纪和我妈一样大，一起共事时我年纪小，和她相处很愉快，情感也很深。

Ting：解决方法其实很多，我挑最"重"地说吧。抽一个专门的时间，去她办公室找她，向她坦承你所有的想法，承受所有可能的发生情况。你不是在面对她，而是借她面对你的绝对道德。当你的意识形成了语言，就会获得解脱。这个解脱，不是具体问题的解决，而是你面对了问题的根本——你的怯懦。对自我的忠诚就是遵循内心的绝对道德。把隐藏的意识放到阳光下，不去考虑后果。把心里的一切全盘托出。你遇到的不是一个职场问题，而是内心的道德感被扭曲了。"她"，是你不认同自己的显化，所以你才敏感到一面对她就感到难受。受伤的原因是不认同自己，当你做自己认为绝对正确的事，没人能真正伤害到你。难受和害怕都是必然的，但你只要做了，就会看到新的维度，也会获得前所未有的自我认同。作为个人，我给你的建议是，要面对面。心理学中有个练习方案叫"空椅子"。就是搬一个空椅子在你对面，假设"她"坐在上面，你对她说话。反复说，反复说，说到你觉得内在自洽为止。一定要形成语言，表达自我，在语言中完成道德自洽。根据你自己的状况，再决定要不要去找她。你只需记得，绝对道德的归位是一辈子的功课。"空椅子"的执行程度你来掌控，我暂时不给别的建议。

烁烁：嗯，如果我可以自洽，没人可以伤害到我。我已经明白了我面对"她"的心理机制。那我先做"空椅子"练习。

本案要点

绝对道德是康德提出的,类似于"人性天然内置"。"我本位"容易跟自私和功利主义混淆,但本质上有所不同,一个是功利倾向,一个是自我认同的倾向。

案主需要的是自我认同,前领导犹如一面镜子,映照出她对自己不满意的那张脸。而通过面对面或"空椅子"的练习,则是把潜意识进行意识化的过程,在心理学中是一种有效的疗愈手段。

职场前辈总凶我——脆弱交付

小钰：我有一个师妹脾气很凶，尤其对她不喜欢的人，特别凶。我刚入职这家公司，很多事情需要请教她，她经常摆脸色给我看，还常甩给我"我怎么知道"这一类的话。我微信问她是不是讨厌我，她回答讨厌倒没有，就是不喜欢我，不想和我有接触。我俩天天坐一起，抬头不见低头见，很多事情我还得请教她，对于她的凶，我只能忍着，偷偷哭过好几次。慢慢地，我对公司业务都上手了，同事们都对我不错，现在就没那么难过。但是她对我始终不友好，气场也比我强，我"撕"不起来，总是有所顾虑。

Ting：你难过的是不知道为什么被她凶，还是她不喜欢你这件事本身？这是两个侧重点，仔细想想你更介意哪个？

小钰：不知道为什么被她凶。

Ting：如果她现在突然对你好了，你也可以不追问当初的"为什么"吗？

小钰：对的。现在态度已经比以前好多了，但是我吃不准原因。

Ting：所以你要的是结果，不想知道原因，只要现在和谐就好？

小钰：我的"人设"一直是好脾气、忍让。现在，她还是偶尔会摆脸色，只不过比最开始时好多了，而我的"人设"基本稳住了，不好突然发作吧。是不是人设一旦确定，就不好改变了？

Ting：你预估你和她的关系会再度恶化，还是渐渐好起来？

小钰：说不准，我搞不清她的想法，猜测她对我的态度是根据我对她的价值而决定的。

Ting：嗯，我不建议"撕"，根据你的人设，比较好的生存策略是"交心"。原理是这样的，如果必须与强势的人共存，令对方真正安心的策略就是"自曝其短"——把你最不堪的秘密和脆弱的往事交付给她，祈求庇护。强权者需要握有你的"把柄"才能安心。

小钰：我不苟同，因为我们第一次见面我就暴露了自己的脆弱。但，我猜测现在她对我好一些，是因为发现了我的利用价值。

Ting：不，所谓自曝其短，是主动把自己的秘密递上去。我不是让你这么做，而是告诉你这个"人设"的背后是什么。在权力机构，这是生存手段之一。她有不喜欢你的权力，但你得熬过最初必须依靠她的日子。

小钰：我反正第一次见她就告诉她我为什么来这里，曾经受了什么委屈，什么促使我来这里，然后就把自己说哭了。这不算自曝其短吗？

Ting：不够。这不算把柄——把柄的量级是指她如果说出去，对你造成的后果。请一定明白，我说的是原理，不是让你去做。

小钰：我没有把柄可以交付她，我为什么要交付她把柄呢？不懂！

Ting：你跳出来看，你现在是个技术分析员，一个小白要讨好一个职场老人儿，你有什么可以交付她的？你一没能力，二没资源，是不是只剩下"归顺"这一个路径？

小钰：如果我不是小白呢，她也不是职场老人？

Ting：那你为何一定要讨好她？这个前提就不成立啊。

小钰：我博士一年级，她硕士三年级，我刚来这个实验室，什么都不懂。

Ting：那你刚刚说得万般委屈，好像绕不过她一样，我顺着你的背景往下说的啊。什么都不懂还不是小白？

小钰：的确，刚开始我什么都不懂，但是我现在都学会了，想"撕"，但无法推翻之前的人设。

Ting：现在要"撕"什么？——你以前对我不好？还是现在我翅膀硬了，要给你点颜色看看？也就是说，你该忍的时候忍了，现在不打算忍了，但是因为自己好脾气、唯唯诺诺的"人设"而不好发作？唯一的潜在风险是，大家觉得你心机深，装大尾巴狼，是吧？

小钰：对对对。归纳得很到位。最艰难的阶段我都忍过去了，她已经有所收敛了，我现在又突然发作，容易被人指指点点。

Ting：你心里一直有个"落难公主"的角色，苦尽甘来之后准备宽恕之前为难过你的人，但又担心做不到宽恕反而摧毁了好不容易得来的好"人设"。所以脑子里就会有小恶魔的形象出现。在我看来，你已经爬到了安全区域，而且很快就有机会超越师妹。现在的你才不介意她以前的所作所为，你真正介意的是自己的"人设"。一开始，我审题错误。我建议你不必"撕"她，好好经营"人设"为佳。

小钰：与撕她相比，维护我在大家心里的形象才是重要的事。这个道理我认同。

Ting：你看过《大西洋帝国》吗？

小钰：还没有。

Ting：两个情妇在聊天，资格老的那个教育新手情妇——千万不要让你的男人向你袒露他的脆弱。他当时可能需要倾诉，但过后就会醒悟过来，他恨自己的脆弱，也会连带着恨看到他的脆弱的你。所以，弱者不要给强者展示强者脆弱的机会。强者展示脆弱的时候，最好阻止。实在不行，至少要做到不表达同情，也不要给建议。脆弱交付是个技术活儿。随便袒露脆弱，无论对强者还是弱者，都很危险。强者有时也需要安慰，但当他们冷静下来，会不想看见自己脆弱的那部分，更不想看到承载着脆弱秘密的那个人。

本案要点

在本案中，案主探讨的并不是一个求生问题，而是个"人设"问题。在马斯洛的五个基本需求理论中——落点不是在生存和安全感上，而是在尊重与被尊重的需求上。我最开始的"审题错误"，是因为案主最初的诉求仿佛是一个受委屈的职场小白，但事实上，她已经是个即将上位的老将。

同事总是搞小动作——以彼之道

如意：我被一个同事欺负好几年了，每次都被"杀"得毫无还击之力。而且我也没有领导支持，所以她越发得意。她擅长装小白兔，说话绵里藏针，借开玩笑的名义，在部门所有人都在时给我贴标签，还到处宣传，诋毁我的形象。有一次，她在一个公开场合对我说："哎呀，以后我们就要和某某公司合作了，怎么办啊，好害怕啊，我这么单纯这么善良肯定斗不过他们，要被他们弄死的。如意，以后就靠你了，我们就都指望你了，毕竟你是我们这里唯一'挖抓'（难弄的意思）的人，就你最凶了，以后怕是只有你能对付他们。"

Ting：哦，这叫借力打力。给她一记勾拳，说："我连你都对付不了，还敢去对付别人？我看起来凶不过就是纸老虎，哪比得上你的绵里针啊！"用类似这样的话，反手给她一个"人设"。你需要找一些关键词，令众人轻松记住她的标签。比如"食人花"，表面好看，其实很危险。"人设"的好处是易记忆，跟外号一样。

如意：她事事先下手为强，占据道德高点，装弱势，还指责你。给客户找东西，她找不到就问我要，但是因为距离太远，她没听我的回答，就当着客户面"撕"我："如意你干吗欺负我一个新人，一点儿忙都不帮？"她来公司都两年了，算什么新人！她红着眼睛走来走去说个没完，还打电话给别的同事——此事真正的对接人，说给客户拿东西找不到，没有一个人帮她，她已经尽力了。

Ting：你说的第一件事是斗嘴，属于现象问题，但第二件事就比较复杂了，属于结构型的问题。结构型的问题需要加入背景和时间。比如，她叫你帮忙，你有没有这个配合义务。然后可以分好几种状况来处理。如果有配合义务，但她恶意指使你，你至少有两个点把她"撕"回去—— 一、在客户面前破坏公司形象。凭这个点可以在正式会议上怼她，并提醒领导注意，事关公司利益。有人不懂规矩，但至少我还为公司着想，身为员工怎么可以当着客户面相互抱怨！二、如果是她利用"我们是一个团队"的默认值来指使你为她做事，那么，你也可以在平日里不断要求她配合你，如果她不配合，你就用她的方式反击她，甚至更夸张。那么，下次她再指使你的时候，你就有了武器——可上次你怎么不帮我呢？并列举出具体事件，变本加厉地强调她从来都不是个配合同事的人。这里的关键是"变本加厉"。如果你职位足够高，可以当场呵斥她，"我不想当着客户说你，进公司这么久了，一点点规矩都不懂"，这叫釜底抽薪，把她要你帮忙的目的弄明白，然后反着用这个理由。

如意：好！但她做的气人的事太多了。21号中午1:25，我不在公司，我的一个快递被放在前台。1:35她来到前台竟直接把我的快递丢进垃圾桶！为了找回快递，我找了快递员又找了公司录像监控的管理员，这个过程她还时不时陪着我一起找快递。几天后，我在另一台监控设备里看到了是她干的。我跟她对质时，她就发狂了，冲进办公室拿了三百块钱，直接扔到我口袋里。然后指着我的鼻子说，给我钱是可怜我！好心陪我看监控，我竟然污蔑她。她在公司大闹，气死我了。

Ting：后来呢？

如意：最后还是跟我一起去看监控了。Ting老师，这种情况我能不能把钱扔回她脸上，并要求她向我道歉。赔钱也需要好好赔，成天大呼小叫的像什么样子……

Ting：不要盯着事情不放，要思考举一反三的"技术"。我不是教你怎么怼一个具体的人。学习拳术，不是用来打你认为的"坏人"，拳术就是拳术。第一步——在任何恶人面前，都试着想想他的合理性。找到他的理，才能破他的根本。如果你被恶意调动起情绪，情绪就会蒙蔽你的双眼。记得，看到恶人的理，认同他有合理性，才是习武的根本。知己知彼，百战不殆，先要看到对方的"道"在哪里。

如意：此处道是指？

Ting：以彼之道的道。没有谁的人品符合你的要求。在冲突中，你在对方眼里人品也有问题。

如意：那她的道在哪里？

Ting：在你没有表达的部分里。你说的都是自己主观上的认知，以及"剪辑"过后的细节。如果换对方说这件事会不会是完全不一样的版本？案例的作用，永远只是谈技术的由头。回看一下自己的发言，有多少是情绪上的泄愤，有多少是看到技术本身。

本案要点

很多时候，我并不天然站在案主的立场上，因为在其表达的过程里，经常会出现"剪辑"的痕迹。所谓"剪辑"，就是案主的表述中总是有意无意地摘取对自己有利的那部分内容，不能真正还原基本事实。所以在讲解"撕"的过程里，我经常需要把案主从具体的问题中"拉拽"出来，回到技术层面。

老板不兑现承诺——看清工作利益

小安：我跟合作伙伴口头协议好一起做事，但由他提供的资源总是要我催。我负责项目融资，需要他提供项目资料及产品样品。有次做项目书，本该他承担的工作，怎么催催不动，最后全部由我来做。

Ting：请问你们是在创业阶段，还是公司里的日常项目？

小安：创业阶段。准确地说是我加入他的公司，负责新项目。

Ting：目前是在天使轮，还是 A 轮，或 preA？我可能问得细一点，不涉及公司机密的部分你可以回答。我需要知道你们处在什么阶段，该项目是否对你们攸关生死，还有你们的反应模式……所有信息综合起来，我才能给出一个初步的判断。

小安：天使轮。单项目，公司已经十几年了。年报负债，但就在整理这些资料的过程中我发现他用女下属的名义开了家咖啡厅。

Ting：这个新项目在公司中的地位如何？是救命的，还是一次无关痛痒的尝试？

小安：都不是。是一个拓展型项目。

Ting：目前需要花费的"成本"只是你的时间吗？还是动用到公司其他资金和资源？

小安：我们洽谈合作时，是他需要我做融资，但我估计不是那么容易，建议他通过自己的现有资源进行整合，提高项目价值。结果很成功，他通过自己资源已经拿到了启动资金。目前的成本是我的时间和融资资源，产生费用由他出。

Ting：所以他目前需要你做的是寻找新的资金入股，分担风险？还有，新资金的主要用途是什么？

小安：是的。新资金主要用于扩大规模。

Ting：如果让你自己评估，你在公司的价值是用来"投石问路"的，还是不可或缺的？

小安：两者都不是很绝对。

Ting：好的，我们来简单做个初步的"利益"定位，有助于锁定你的价值。

小安：他搞定了启动资金，我和他之前定的战略规划也可以不用了，他能启动起来，后续再说。我这块的规划可紧可慢……

Ting：在一家十几年的公司里生存状况暂时稳定，技术型的负责人想要拓展一个新的项目且启动资金已经到位，他的生存危机可以说非常小，技术型的人在这个状态下偏保守的居多。同一个项目，生存状态下的他可能会全力以赴，仰仗资金渠道，但如果在非紧急状况下，他可能对自己的技术保护会排序更高。

小安：嗯。

Ting：所以，如果他要跟你"合作"，他的态度中会包含"对技术的控制和保护""对你的测试"，以及他自身的性格特质。

小安：嗯。

Ting：这些都会影响到你刚才说的那种情况。你的判断是偏哪一种，或者都有？

小安：都有。

Ting：这是三个不同层面的问题，有不同的针对性解决方案。你想从哪里入手？

小安：好像这个没法从一方面入手吧？我怎么觉得是整体上的？是不是我有些不确定自己的判断？我能三方面兼顾入手吗？

Ting：这三个层面具体来说，背后就是"对利益""对关系""个人特质"。三者的确是整体的，但你要解决它，需要一个入口——你自己最在意也最有把握的入口，然后才能逐个击破。

小安：利益。

Ting：你的第一目标如果是牟利，那就要从利益入口。它涉及的是价值衡量——你对他的价值，需要重新清晰定位，达成双方共识。你在合作之前有一个价值预估，但在合作过程中，这个预估可能会发生改变，你觉得在他眼中，你跟合作前的价值有变化吗？这个变化，有外在的环境变化因素，比如，项目可能变得不重要了，也有能力变化因素，比如，也许他认为你没想象中那么能干，还有其他因素——你是否觉得他不那么看重你了？

小安：变化不大。之前我们讨论过我做的部分的意义。

Ting：嗯，所以你现在的价值定位，是试探者，还是有明确的资源可以置换？我们只从利益角度出发，看最简单的维度——你的重要程度，是否值得他全力配合你？

小安：资源还在洽谈中。他获得启动资金后并没有觉得我这块无关紧要了，只是对我之前做的规划更有信心。

Ting：了解。你的答案是——你的价值足够高，值得他全力配合，但不知道为什么他没那么积极主动？

小安：嗯。

Ting：假定你的答案正确无误。那么剩下两个层面，他处理合作关系的能力，或是他对谁都是这样。你觉得更倾向于哪个？

小安：后者。我多次听到别人催促他……哪儿要打钱，哪份合同要处理。到我这儿就是财报资料要提供、出样要多长时间……

Ting：在这个关系之中，有你日常的感受，虽然丰富详实，但不一定是准确的，很有可能会有"身在此山中"的误解。我帮你树立的是一个框架性的观点，如果你日后觉得哪里异常，可以回到这个框架来比对。刚刚你说到的是"个性特质"，也说了他对别人都这样——那你是想要改变他？你要面对一个人的"个性特质"问题，对吗？

小安：我想按规划实现效率。

Ting：通过改变一个人的"个性特质"来实现？

小安：我觉得不应该是靠改变他的个性特质来实现。

Ting：是的，这个任务太艰巨了些，尤其在对方职权比你大的情况下。

小安：我要寻求新的对应方法。

Ting：嗯，有效的推动力只有一个——利益。

小安：我现在催促的台词就是，老板，这个事说周三解决，今天周五了呀。

Ting：低阶者，无法通过"规则"来推动上级，你可以了断了这个念想。你的利益是他分给你的，小利益无法驱动大利益。除非还有另一个可能——你勤奋到玩命来引发他的愧疚感。

小安：呃，我现在就好像是用勤奋来裹挟着他推进。

Ting：可能你的勤奋还没有到感天动地的程度，所以他触动不大。工作中的原理都很简单，你也不是真的要"撕"他，而是希望通过某些手段保护自己的"未来利益"，还不是既得利益。

小安：你是说，我不用"撕"了？

Ting：你的未来利益不够刺激，也缺乏真正要"撕"的动力。你的项目他不着急是因为这个推进对他的利益不够大，所以他不会第一时间配合。当你不是利益中心、也不掌管利益分配的时候，只能听凭处在利益中心的那个人做出自己的判断。你的项目对他来说还不是生死攸关的，所以他能分配给你的资源就很有限，也经过了选择。唯一的办法就是你创造了不可忽视的价值。

本案要点

职场上看似复杂的困扰，绝大部分都可以归结为"利益是否足够大"这个根本原因——就像汽车要加油才能跑一样，当你发现驱动不了，不妨先看看油箱是不是满的。

留住真朋友

朋友"偷"了我的股份——冲突中的维度、区域、程度

琦琦： 我和我的合伙人在2012年决定一起注册一家公司，条件是我占51%的股份，她占49%，我是用我先生的名字和她一起注册的。今年我才突然发现我和她的股份是一半一半。我很生气，她背着我更换了条约，违背承诺，辜负我对她的信任。我找她摊牌，她却回答我——

第一，我们之间没有这样约定过，她不承认。

第二，如果我很在意很重视股份，当时就应该和她一起去注册。

第三，她觉得我很可怜，这么多年很不容易，她很心疼我。

第四，她说我控制欲太强，和我在一起的人都感觉不舒服，我离婚就是因为我太强势。

第五，她从来不和我计较，但是我总和她计较，她伤心了。

当时我就"撕"了回去——

第一点，我发毒誓我当时绝对说过。她不承认，我们就失去合作的基础，可以分手。

第二点，因为信任她我才没有去亲自注册，但今后不会了。

第三点，我可怜不可怜和股份无关。

第四点，谈工作不要扯生活。谈股份，扯私人生活，目的何在？

第五点，我比她伤心，是她违背我们最初的约定，这么多年我都没有去查过，是她不守信用。

Ting：好的，这件事里你最在意的点是"背叛"？

琦琦：最在意的点是股份不是51%，她不守信用。

Ting：利益。

琦琦：我要51%，这是合作的前提。

Ting：我们先撇开具体的解决方案，把这个问题全面解构一下。如果此刻让你归纳一下，你觉得你最核心的情绪是什么？愤怒、失望、沮丧、委屈，还是什么？

琦琦：伤心。

Ting：很好。伤心的原因按严重程度排序，怎么排？比如，有三个原因，是哪三个，重要程度怎么排列？

琦琦：她说我离婚是因为我性格太强势。

Ting：再具体点，是因为她评判你的生活而伤心，还是她触碰到了你"我也觉得自己的生活很失败"这一内心感受？

琦琦：她是我的好朋友，知道我离婚是怎么回事。我以为她是理解我的。

Ting：你不认为自己性格强势？不认为是性格强势导致了你的婚姻失败？先从自己出发，再说她。

琦琦：我不认为我性格强势，也不认为我的婚姻失败是这个原因。

Ting：好的，所以她误判了你？

琦琦：是的。

Ting：而且是为了替自己找开脱的理由，故意这么说？

琦琦：婚姻是我的痛点，她知道的，所以拿这个攻击我。

Ting：你意识到她在故意误判你，并拿你的软肋来暗示一件事——你这么强势，导致了婚姻失败，也会导致公司经营失败。

琦琦： 当时我没意识到，但现在想来，她就是这样。她说，公司走到今天难道我没有责任吗？

Ting： 嗯，这才是关键。

琦琦： 我回她，我当然有责任，但公司的事情我一直在承担。公司需要抵押东西，抵押的是我的车子、我的房子，而你却什么都没拿出来。

Ting： 等等，先不要攻击她。我们锁定关键——她拿你的婚姻失败暗示你的领导能力有问题，所以如果都听你的公司也会失败。这个点成立吗？

琦琦： 不成立，婚姻和领导力无关。

Ting： 我是说，她试图暗示的这个点，是她的潜在意图吗？

琦琦： 我觉得是。她觉得这么多年都听我的，和我相处很累，觉得自己非常委屈。

Ting： 因为你说一不二？

琦琦： 她的意思是，虽然你没有占51%，但是什么还不是你说了算？她觉得自己在实际行动中全力以赴地支持我了。

Ting： 你在家庭里也是一样？

琦琦： 家庭里还是不一样的。我基本上忽略他，是会自动忽略的那样。

Ting： 更糟糕啊，那是更极端的说一不二，连商量的可能性都没有啊。

琦琦： 噢，这样吗？是吧，他挺乐意的。和他没有商量，他也不和我商量。

Ting： 我先不评判。但从你描述的状况来看，你的确"非常强势"啊。

琦琦： 也不会呀，像我就会听我姐的话呀，也会听导师的话。

Ting： 基于这个"事实"，你无法反驳她对你强势的定义，至少在她可见的范围里。

琦琦： 嗯，是的。

Ting： 但你姐不参与你的公司决策，导师也不。

琦琦： 我承认。

Ting： 好，回到原点。当她面对你的强势时无力正面抗争，就阳奉阴违。比如，把股份偷梁换柱。

琦琦： 对。

Ting：在你发现之后，她的策略是抵赖加反戈一击。

琦琦：是的。

Ting：你介意她抵赖吗？

琦琦：我不介意啊。不承认就不合作。

Ting：不合作是你的处理方式，但这件事你真的不介意？你不会对自己看人的能力产生怀疑吗？一个相处了这么多年的亲密的合作者，居然在最基本的地方失信于你，这是一句"不合作"就能解决的？

琦琦：你这么问我也觉得自己很奇怪啊。我当时只是觉得很惊讶，觉得耍无赖那就没啥好说的。

Ting：你的关注点都在"反戈一击"上，但我们需要研究一下"抵赖"。

琦琦：说到看人的能力，刚合作的那几年我和她能力差不多，但这几年我的成长远远超过她，我们已经不在一个水平上。我不是当年的我，她也不是当年的她。

Ting：面对利益她做了背叛你的事，事发后抵赖——你真的不介意这种合作者？

琦琦：她喜欢钱，所以赚钱的时候还是很卖力的。

Ting：你不认为这是个人人品问题？还是觉得只要她卖力肯干，是个有用的人，人品就不重要？

琦琦：我觉得这个事情可以从两个角度看。第一呢，公司基本上都是按照我的想法运行的，我对自己把控公司的能力有信心。第二是，对我伤害过的人，我的底线总是很低，可能有这个原因。

Ting：所以，在你可以把控的范围里，合作者的"人品"，比如，诚信的排序不是第一位的，"有用"才是？

琦琦：对。现在这个阶段，我还需要她赚钱。今后我可以用钱买回她的股份。另外，我其实没有意识到这是一个人品问题。

Ting：嗯，你把"有用"排在第一位，这无可厚非。但如果你并不相信她的人品，就没有背叛一说——没有严肃认真地把控所有细节，是你的失职，怪不了她，就像把一个糖罐子交给一个孩子保管一样，且不相信她能控制住自己不偷拿，所以无论出了什么后果都是你的事，不是她的。

琦琦：嗯，是的，所以把她放到合作伙伴的位置有点轻率，这么想来，你说的有道理。

Ting：公司是一个责权利分明的场域，你责权不分明就要承负相应的后果，所以没有背叛一说，你的论点不成立。现在说一说"反戈一击"。她采取的手法叫作"跨维攻击"。公司是一个维度，家庭是另一个维度，拿家庭的事来佐证公司的事，就是跨维。

琦琦：对的，我对她说工作的事不要扯生活。她却说，她和我的关系如果只有工作，那就太让她伤心了。我就无语了，不知道怎么回她，也不想她再用生活的事情来攻击我。

Ting：公司是一个利益结构体，家庭是一个情感结构体。同样的强势，在两个结构里的作用力是完全不一样的。公司的目标是谋利，而且责权利捆绑在一起。但家庭的结构是情感关系，没有具体的目标性。

琦琦：就是啊，公司不控制就失控了。

Ting：先要把这两个维度切开。比如，不要在公司里提家庭。"抵赖"是公司维度的事，先谈清楚。她回答你的一、二点只跟公司的责权利有关。三、四、五点，作为朋友，则是另外的事情，以后找机会你们单独说。

琦琦：有道理哦！我当时太伤心，被情绪带着走了。

Ting：虽然你们之前关系亲密，但正好可以借助这件事情手起刀落，切断一些联结。你需要制造一个场域，比如，在会议室里只谈工作上的事。生活里的事情，则另找一个咖啡馆。否则，两件事情之间不停跳跃，你自己也区分不开。

琦琦：嗯，明白，我和她早些做到这样就好了。

Ting：所以，如果只谈工作，你会做出怎样的决断。继续利用她的"有用"，忽视她的"人品"？

琦琦：她负责渠道，占了公司业绩的40%，我在做新产品，需要钱撑下去。我还需要权衡一下再做决断。

Ting：这个你慢慢思考。但我需要指出，在公司的长远发展中，如果一个人不能意识到什么事"不可以做"，未来的风险会非常大，你要时刻警惕。

琦琦：真和她分了，预计公司至少需要一年才能缓过来。

Ting：暂时的相互利用是没问题的，但合作这件事，需要根基。这个根基，就是基本价值观的趋同。我不认为你有权力指责她，因为这的确是你自己的管理能力问题。第二就是朋友身份了。我只能从你的描述中揣测她，听起来她是个忍耐力很强的人，她能跟你这样强势的人长期相处，一定是具有缓冲的性格，类似沙包。

琦琦：是的。

Ting：你需要沙包吗？就是用来缓冲你强势情绪的朋友。

琦琦：沙包？我不需要。

Ting：那她作为你的朋友，对你意义何在？

琦琦：这么多年的时间，一直在一起。

Ting：所以你不做判断只是因为时间长了，习惯了？

琦琦：你说的不做判断是什么？

Ting：不判断谁让你更喜欢，谁更有趣，谁让你更愿意主动接近，等等。按你说的，哪怕是块石头在你身边待久了也能成为朋友。

琦琦：其实她并没有走进我的内心，在情感上我和她并不是很近。她只是知道我的事情，但并不了解我身上究竟发生了什么。

Ting：那你只是随口说了自己的事给她听，诉个苦，并没有真的在意她的意见？

琦琦：对呀。她不能给我意见。

Ting：哦，但她现在拿这些事攻击了你啊，你后悔说给她听了吗？是你把刀递给了她。

琦琦：嗯，是啊，但是离婚这件事太难隐瞒了。我其实还有很多事没有告诉她，她只看到结果，其实什么都不知道。

Ting：不是要刻意隐瞒，而是你没有把她当真正的朋友，也不尊重她的意见，在你心里，她的工具属性是第一位的。你现在后悔把私事告诉她，那么以后呢？你会选择不说吗？

琦琦：这是自制力的问题。

Ting：这是"有用"和"有情"之间的界限，你需要界限再清晰一些，就像你不会把自己的隐私告诉安装空调的工人。装空调的人很有用，但他跟你没有感情。同样，这个合作者对你很有用，但她并不是你可以托付隐私的朋友。

琦琦：我对她有感情，是朋友但不是知己，和她之间感情不至于伤害我。对，是的，不能托付。

Ting：是的，你需要再次清晰界限。

琦琦：有用和有情吗？你是说隐私，对吗？怎么才能改进呢？

Ting：我们回顾一下，其实是三个界限的清晰。

公司和家庭的维度界限。有用和有情的区域界限。有情的程度界限。

你都混在了一起，所以很混乱。

琦琦：怎么能从一个口无遮拦的小孩子，变成一个有分寸有尺度的控制者呢？

Ting：凡是出了问题，从维度、区域、程度三个地方去看，是哪个地方的问题。

本案要点

公司是个利益第一的结构体，家庭是情感第一的结构体，这是两个不同的维度。同一种素质，比如强势，在不同地方产生的后果完全不同，这就是维度区别。而同一种素质在不同地方产生的后果类似，但强度不同，这就是区域。

这些听起来有些像数学公式的话，并不需要你时刻牢记，但在出了问题之后，却是你可以拿出来进行分析的工具。

错把熟人当朋友——关系层级

唯乐斋：和朋友的一件事情让我感觉挺憋屈的。我的孩子参加冬令营活动，朋友觉得不错，问我再有这样的活动就告诉她。"五一节"，这个俱乐部要举行为期三天的集体活动。我告诉了她，她也给孩子报了名。报完名，跟我说要求俱乐部同意他们夫妻陪着孩子。我很诧异——既然要陪着还报名这个活动干吗？这样对老师太不信任了。也达不到锻炼孩子的目的。她表面认同，可还是跟过去了。最后，他们对活动里的一些细节非常不满意，总觉得老师不够尽心，言语之间，还把对活动的不满意情绪发泄到我身上，好像我从中间赚了介绍费一样。

Ting：我们慢慢来，一步步求证和推导。第一个问题，你怎么区分朋友和熟人？

唯乐斋：朋友应该是志同道合的，相互理解的。

Ting：你的这个朋友，跟你志同道合，相互理解吗？

唯乐斋：没有。

Ting：那为什么称她朋友？

唯乐斋：对，是自己界限不清。感觉走得近就是朋友。

Ting：第二个问题，你是信息的原发点，也是信息的中转站——不同的信息，你是有选择地传递给不同层面的人吧？为何在传递有关孩子的信息时，没有进行过滤和整理？

唯乐斋：因为我一开始的出发点是这个活动适合所有孩子。

Ting：有关孩子的活动本质上是一种"观念产品"，指标是模糊的，感受是各异的。你为何毫无过滤地把这个模糊的信息传递给志不同道不合的人？关系只有到达"共有"层以上才算朋友。每一层都需要过滤。

唯乐斋：我们只能算是回应吧。其实也算不上，就是个联络。

Ting：越到上层，需要过滤的信息越少，回应层是需要严格把控信息的，有很多判断和防御在里面。

唯乐斋：理解，确实有防御。

Ting：对，你用"共有"层面评估了孩子的活动，反相就会遇到现在的"磕碰"。

唯乐斋：分析得特别棒！

Ting：所以你第一个"错"，是关系的错位导致的。第二个"错"，是事情发生之后没有做"止损"。当你发现这对夫妇异于寻常家长的举动，你除了诧异，还做了什么？

唯乐斋：我告诉他们跟着孩子会给老师带来压力，会给孩子带来干扰。我也跟老师反映了这个情况，老师希望我能做做他们的工作。

Ting：你试图用"正确的观念"修正他们的行为，对吗？

唯乐斋：那倒没有。我当时感觉特别无力。

Ting：那你为什么劝他们？

唯乐斋：有情绪了，觉得他们太不应该了。

Ting：劝，其实是一种试图修正的企图心。你的"情绪"来自你觉得他们"做错了"。

唯乐斋：对。

Ting：但如果我说他们没有做错呢？保护自己的孩子哪里有错？你不允许他们有自己的观念和判断吗？

唯乐斋：这个问题我想到过，所以我检讨过自己。

Ting：所以，这次冲突的落点应该在彼此的关系上，而不是对错上。

唯乐斋：从他们的角度出发，他们没有错，这又回到了共有问题上。

Ting：事情发生后，你要怎么定位与他们的关系，或者说，你要如何修正你第一轮的定位错误。

唯乐斋：保持合适的距离，不再去侵占别人的空间，调整自己的情绪。

Ting：对，轻度的就是不再置评。重度的就是，如果对方觉得这个信息是你传递的，并可惜这笔投入，你就把钱退给对方。

唯乐斋：我接受。

Ting：重度，是我这种人会做出来的行为，看上去也很怪异，因为我把自己的"错位"当作第一序位，跟他们跟着孩子参加活动一样怪异但合理。

唯乐斋：是的。

Ting：所以你第二个"错"是没有意识到自己做错了，只沉浸在委屈的情绪里。

唯乐斋：其实我也一样自私，只是看起来比较合理而已。

Ting：你要分享一个"好的信息"，以此推进朋友情谊，这个出发点貌似合理，但的确是"自私"的。

唯乐斋：是的，我其实也是想证明自己的明智。

Ting：如果再加上不分良莠，不对应层次，造成误会是必然的。最后一个"错"，是所有事情发生后，你没有勇气跟当事人说清楚，而是向无关的人倾诉求安慰。

唯乐斋：嗯！

Ting：如果现在你抱着朋友做不成的心态，上门找她理论，你做得出来吗？

唯乐斋：做不出来。

Ting：所以，我论证完毕。熟人和朋友，要分得特别清。直截了当地说明你错的部分，以及你个人对他们教育的意见，还有委屈和不满。"撕"的前提是要"独善其身"的强烈需要。关系会通过具体的事件重新定位，要么上升，要么下降，所有的事故都是"错位"引起的。

本案要点

很多人默认为，只要自己的动机是好的，就不需要搭配什么手段。然而人际关系自古以来就是个非常复杂的技术活儿，在自己没真正想清楚前因后果之前，任何"良善"的出发点都有可能导致吃力不讨好的结局。

这里的前因是指，任何社交行为都是潜在的牟利行为，即便谋的不是钱财，也是对人脉资源的某种投资，所以没有人是真正天真无辜的——社交有风险，入场需谨慎。在这个认知基础上，如果再正视社交的技术性需求，当"冤大头"的概率就会小很多了。

朋友—跟我做项目就唱反调——确定关系性质

Olina：我的一个朋友，年轻貌美，有过两次短暂的职场经历，人美会撒娇从来不缺钱花。我比她年长，我们无所不谈，从没觉得她人品有问题，直到现在一起做项目，问题才一股脑地冒出来。她一会儿说不爱这个行业，一会儿又说自己还有很多挣钱机会不舍得放弃，不想在这个项目投入太多时间和精力，要求退出整体的运营业务，做个普通的业务员。有时候，我实在搞不懂她什么心态，既提不出建设性意见又常常反对我的建议，各种拖延和不配合。私下里我也跟她探讨过她的职业认知和人生规划，每次都像是谈通了，可一到项目里就又回到老样子。我不想给大家留下不会带人的印象，也不想伤了跟她之间的感情，所以找不到"撕"的突破口。

Ting：这是一个标准情境——朋友走进商业环境中后发生错位。日常的"关系好"不涉及对错，也不涉及下一步怎么办的判断，顶多就是我喜欢粉色口红，你喜欢橘色的……但工作则是，要进100箱口红的颜色是橘色还是粉色？卖不掉谁担责？你描述这件事时还在强调"朋友关系"，而不是"商业关系"，所以很大概率生意会做不好，而且朋友也做不成。

Olina：没有挽救的可能吗？商业层面的挽救。

Ting：所谓"撕"点，就是你现在只能确立一种关系，日常朋友，还是生意伙伴？前者追求和谐相处，后者追求责权清晰，不能并存。

Olina：经过好几轮冲突，我已经把朋友关系放下了，更多的关注放在如何继续把生意做好。我和她应该是生意伙伴的关系。

Ting：那你可以考虑收购她的股份，或是根据能力和责权重新调整。

Olina：但是她似乎没调整。

Ting：她不需要调整，是你需要调整。

Olina：我也在责权和股份方面做了微小的调整，但是她仍然不配合工作，感觉有时候她还是故意和我对着干。

Ting：打个比方，如果你要征服一片土地，但有个当地古老的部落横在那里，你要不要强拆？你要不要，敢不敢，能不能？

Olina：我在妥协调整的过程中很伤心。

Ting：你伤心完了，还是要面对"要不要，敢不敢，能不能"。

Olina：想要，也意识到必须要，但是阻力很大，压力很大，没勇气直接撕。

Ting：你想要的只能去追，它不会自己扑到你怀里，这就是成长的代价。

Olina：我一直觉得她年龄比较小，没有职场经验，希望能在日后的磨合中一起成长起来。

Ting：这还是"朋友"。刚刚已经说了，在商言商，别考虑你的伤心、她的年纪。

Olina：可是我当初拉她入伙也就是冲着我们是朋友去的，所以很怕朋友们觉得我太现实，一牵扯到利益就牺牲友谊。

Ting：但现在是现在。你要问什么，我回答什么，但我不会替你换尿布。

Olina：如果我还希望能把关系给她理清楚，把合伙关系明确下来，并能愉快地继续合作下去，该从哪个点沟通呢？这里我自身有问题吗？在哪里呢？

Ting：这是无比高阶的技能，如果你连第一步都拆分不开，不要去想那些高段位的操作技能。

本案要点

　　理性拆分朋友和生意伙伴的关系，是步入商业环境的第一步。朋友是熟人社会的产物，靠的是情感联结，我们可以理解为"湿"环境。而生意伙伴是陌生人社会的产物，靠的是契约联结，可以理解为"干"环境——干湿不分的状况，是很多朋友间合作生意的最大困扰。

　　创业有很多不同的阶段，有时候需要靠"湿"精神才能挺过去，有时候则必须"干"得不近人情，我们在这里并不探讨孰优孰劣，就像有些夫妻店虽然吵吵闹闹，但也能维系很久……真正的重点在于你自己的目标，一般来说，越大规模的企业越偏"干"，越小的生意越偏"湿"，如果想要两全，那就必须接受纠缠不清的后果，几乎没有例外。

对朋友恨铁不成钢——看到需求

燕子：我有一个小学同学，我们一直都是好朋友，她当全职妈妈七八年，而我一直在职场。她现在想通过我多接触人脉和资源，给自己的工作室拉业务。可是，每次约她逛街买衣服、化妆品，改造她形象，她都放我鸽子。有次我带她见人拉业务，约了好久人家才答应，结果她穿着至少4年前的旧衣服出来了，见我要发飙，忙说这样穿着舒服，客户还没来，她可以先去收拾一下自己……气得我恨铁不成钢，她宁可把钱花在孩子身上，花在房子装修上，也不肯花在自己身上。得体的形象是对自己的尊重，也是对别人的尊重。我想让她认识到这一点，并能付诸行动。

Ting：这其实是个技巧问题。在我看来，你缺乏技巧和步骤。首先，你本身并不清楚具体该怎么做，顶多是陪着她逛街挑衣服，责任性不强，也不承担后果。而对于一个家庭妇女来说，她要的是所见即所得的"投入产出比"，你的建议虽好，但一没有权威性，比如，专业形象设计师，二不肯担负真正的责任，比如，花钱买的衣服不合适，受损失的人只能是她自己，三没有进阶系统，比如，先烫个头就能让老公多看几眼，然后又有什么好处？所以我觉得问题在于"不专业"上。

燕子：我和她很深地探讨过。看她想跟社会接轨，我就试探性地说："你要不要买一些新衣服啊，出去谈业务，得体的衣服能让你表现更出色。"我还把相关文章分享给她，她也很认同这点。

Ting：过多探讨抽象的东西，而忽略了落地执行的细节，决定了你是否掌控了这件事。脱离掌控的"好意"被对方的不配合怼回来，才会难过，其中一部分是对自己无能的难过吧。重点是你想用"轻轻地建议"来获得"重重的配合"。

燕子：说得对，我注意一下我的技巧。我原来只是把这个当成一个简单的逛街买衣服来对待。看来这背后的东西深得很，哈哈，我想说，原来每一个看似不经意的改变背后都有很多人的支持。

Ting：掌握说服的技术，小到影响一个人，大到管理一个企业，是一通百通的技术。每个案例的"核"都不同。望闻问切。首先是诊断。如果没诊断清楚就下药，会事半功倍，甚至缘木求鱼。可以从这个案例中学一下"诊断"技术。从你的表述里，并没有看到你对朋友的关注，对她打扮成什么样也没上心，但落点都在——你不听我的话。这是很微妙的区别，她没有在意你想解决的问题，而且也没有看到这个目标实现后的好处。大部分人一旦做了假设，就会陷入不自觉地维护自己假设的陷阱里，然后就像瞎了一样，看不清对方的需求，更看不到问题的核心。

> **本案要点**
>
> 诊断力优于行动力，当你没有看清对方真正需求的时候，任何努力都有可能适得其反。

我辞退了住家三年的保姆——看见价值

木木：阿姨在我家做了三年了。我对她非常信任，家务事几乎都交代给她。现在大儿子住校一周才回来一次，小女儿上小学，早上走晚上回，家务活非常简单。不过，从过年开始，她就和我讲薪水太低了，我说最多只能加500。她还挺满意的。然后，孩子爷爷奶奶前几天告诉我，他们每年都会偷偷塞个五六千的大红包给阿姨，怕我不高兴，不让阿姨告诉我。我听了很不高兴，觉得阿姨在提加薪的时候应该告诉我。很快，矛盾来了。白天我都不怎么在家，所以她白天干什么我其实是不大知道的。"六一"儿童节早上我跟她说，小女儿早上学校有活动，中午就回家，下午在家待着，结果她一听，就说她得去看她妈妈。她这周工作日被排满了，得去做钟点工，只有周四有时间，可以去看妈妈。我一听恼了，敢情她每天在我家工作时间连四个小时都没有！我说："你在我家空闲时间可以自由安排，但是假如我这边需要你的时候，你不能优先我这边的话，我要认真考虑我们的雇佣关系了。我请一个住家阿姨就是为了有人老老实实在家看家。你现在已经满足不了我的安全感了。"她就赶紧解释她妈妈那边不是第一优先。我说："你改成做六休一，周日你去看你妈妈。"她问："做六休一是不是又得扣工资？"我说："你这样太累了，不如出去找一份七八千薪水的工作，不用这样白天出去跑。后来，我给她介绍了一份工作，新雇主开价6500，试用期过了加到7000，只用带小孩，给小孩做辅食，以及做一家人早午餐。晚餐和卫生另外有阿姨做。阿姨也很高兴。结果，试工了几天，她不适应带孩子熬夜，雇主也对她不满意，但可以考虑再跟她磨合一段时间。我这边和她的雇佣关系仍断断续续存在，工资我照常给，还没有雇钟点工，我和她说："等你完全确定好了我再找钟点工。"结果她崩溃了，说："你赶我走，我马上去中介所睡觉。"我很生气，虽然我给的薪资没有她那些同行多，但她拿着住家保姆的钱干钟点工的活儿，我给她加薪是不可能的，给她介绍新工作她又干不了，还说我赶她走。

Ting：价值分三个部分。一、功能价值。二、感情价值。三、隐性需求价值。不要纠结在表象上，你把三者混淆在了一起。在没有矛盾的时候，这三者是混合的。有了矛盾，就要分开处理。先说第一点，功能价值。你对她的功能的性价比不满意，是吗？

木木：对。

Ting：打多少分？

木木：60分。勉强给个及格分。

Ting：第二点，感情价值。你对交易满意吗？

木木：感情价值，也不满意。这个不满意是最近半个月才不满意的。之前还好，她之前是照顾得到我家的基本需求的。

Ting：就以最近为准。

木木：也是60分，我感觉我的好意被她利用了。她曾一度提出要把她妈妈的寿衣带到我家来。我拒绝了。我感觉她很诧异。

Ting：那就只有"隐性需求"了，你的隐形需求，是平衡前两者的重要砝码，否则说不通。你对她，有什么隐性需求？

木木：我唯一的隐形需求貌似是，她离婚了，家里有妈妈要她养，自己面临养老，我对她有同病相怜的感觉。我曾暗暗告诉自己一定要帮她。

Ting：就是拯救者情节的需要？

木木：嗯。但是我现在感觉我太理想化了。

Ting：拯救情结算个隐性需求，还有吗？

木木：没了。但我很感谢她，在我最困难的时候她默默陪伴我。虽然是拿薪水的，但是我很认可这份情。

Ting：你看到这个拯救需求被你扩大化了吗？大到需要让几百人见证你的"拯

救者"身份？

木木：我没有想被别人看到。但是我家阿姨对我愤怒，我不知道该怎么处理。

Ting：前两者的价值不平衡，你明明都可以自己解决，而且清晰打出了分。不能够自己解决的，只剩第三个——隐性需求。

木木：我看到她的愤怒，其实马上意识到自己之前是一厢情愿了。因为对她的打分只是最近两周，所以我在想到底哪里出了问题。

Ting：隐形需求出了问题啊。

木木：嗯。现在很大可能就是阿姨带着对我的怨言离开。我觉得这个和我的初衷不符合。

Ting：你的隐性需求目前没有被满足到。

木木：是的。我并没有能力去拯救别人，连豪爽地加薪都做不到。

Ting：反过来，阿姨有隐性需求吗？阿姨能自己解决前两个层面的需求吗？前两个层面的需求，是不是都是你说了算呢？她唯一能制衡你的点，是不是就在隐性需求上呢？

木木：阿姨的需求……

Ting：她不用情绪折腾你，还能如何？

木木：第一，性价比需求。阿姨显然觉得我给的薪水低了。

Ting：她要赚到她心目中的，不被别的阿姨笑话的薪水。试问，她该怎么办？怎么跟你说？

木木：第二，感情价值。她说自己全部忍了。

Ting：对，因为你说了算。

木木：她觉得再有人问她薪水，她就不说。免得被人嘲笑。但是她和我说这些的时候我是有压力的。她在和我打感情牌。

Ting：感情就像抢红包，你随意看心情，怎么能带来安全感？发红包的权力也在你手上。

木木：嗯。最后，她或许也有一点点担心，换东家会很难适应。

Ting：在与你的博弈中，她唯一能还击你的只有隐性需求了吧——你的拯救情结。现在，你要跟她弄清楚第一点。

木木：所以她就采取了背着我做钟点工的做法。这就像她说如果我赶她走，她就去睡中介一样。

Ting：她无力跟你博弈。

木木：我没打算和她"撕"。我就是想，在这种情况下，大家能不能冷静成熟地处理问题。

Ting：不，不是你，是她的命运在跟她"撕"。她贪她的，你顾你的，好好分手，给她一个大红包，送她走。这是我的想法，怎么做全在你权衡。

木木：我只是怅然若失。人和人的缘分，并不是用力挽留就能留住。

Ting：善待她，就是善待你的过去。关系也有生死。

木木：看来我一直没做好准备面对"死"。

Ting：好好告别吧。

一段时间后，木木跟我分享了后面发生的事情。阿姨说自己很疲惫，表示坚决要走，不愿意留下。木木在阿姨身上看到了自己。但问题的关键点在于，阿姨离开的时候，以一种居高临下的"怜悯"姿态可怜了木木，而且还在孩子面前表示木木"命不好"，她选择原谅木木。木木心里有些别扭。

Ting：这是她的武器啊，装悲惨，下一步是诅咒。

木木：我表示她可以继续在我家待着，直到安顿好一切。她不愿意，我有点蒙。

Ting：她还有绝招没有使用，而你已经用完了。她最后会以同情你的方式，证明你现在的生活都是咎由自取，是白眼狼的报应。

木木：我内心觉得自己违背誓言。我在心里对自己说过要好好对她的。

Ting：她只是受害者之一，然后冷笑着离开。对她好，不需要期待她对你表达善意的回应。

木木：我很难受，留不住身边陪伴过自己的人，想到了我和我父母的关系。觉得当年自己也是那么拧巴，横竖都不对，弄得大家心里都膈应。

Ting：在某个时刻，拯救者必然会被践踏，因为拯救情结来自"曾被践踏"。别让阿姨践踏你的过去。这是现在要防御的。其他一切都是事务性的，好处理。

木木：没有爱的能力而企图拯救别人真是灾难。

Ting：她要是在走之前"说几句"，别让她说，更不要让她跟孩子说三道四。

木木：她已经跟我说了，但没那么狠了，她说本来打算走之前说……

Ting：现在保护孩子。别让她跟孩子说三道四，阿姨这么多年照顾孩子们的生活，他们之间的感情还是很深的，孩子一时难接受她的离开。在你的概念里，阿姨是工具属性，但孩子眼中，阿姨是陪伴他们三年的人，你说走就让她走了，阿姨含泪而别，在孩子面前还句句为你着想———你让孩子怎么想？

木木：我现在内心对自己有个拷问，我是不是个无情的人。

Ting：你能不能从你第一女主角的角度跳出来一下！拿错剧本了。

木木：好。

Ting：你站到孩子的视角看一看可以不？

木木：嗯。我找我家老大聊了。老大在逃避这个话题。

Ting：这是个严重极了的问题。

木木：我还纳闷孩子为何不表态，我打算周末和孩子好好谈谈。在与阿姨关系中我是比较被动，被自己的拯救者情结绑架了。

Ting：你明白要谈的重点吗？重点在于，孩子是否有参与决定的权力。在他们眼中，阿姨不是工具，是家庭成员之一，站在孩子的角度，他们对家庭成员的去留有"建议权"和"投票权"。

木木：好的。

Ting：你在处理工具属性的阿姨时，只强调了自己作为雇佣方的决断权，把孩子排斥在外。但孩子在情感联结上的需要，一般远超过工具属性的需要，尤其老二才五岁，大半时间都是在跟阿姨相处，不可能马上认同工具式的划分。

木木：我也没有强调雇主方决断权啦。不然不会那么纠结。但是我确实忽略了孩子。

Ting：谈，是沟通，甚至要求孩子暂时体谅妈妈。生硬的用雇佣关系切断情感联结，后患无穷。沟通是建立在相互体谅的前提下，开始沟通，就是体谅孩子；达成一致，可能是孩子体谅你。

本案要点

案主犯了普通人经常会有的"遗忘症"，那就是在日常生活中把工具、情感、隐性需求等混在一起，都装进情感黑箱。但当她遭遇问题时，就只从工具角度思考利弊得失，选择性地忽略其他维度。

有句老话可以用来形容这样的情形：做人不够周全。一个所谓"周全"的人，也就是社会意义上的成熟人，并不是指圆滑，而是能看到事物的更多层面，在处理特殊状况的时候，能找到达成各方利益的均衡点。

让亲密关系更结实

为什么我总是遇上自私的男人——不妨先"撕"一下自己

宇宙丸子：我打算和我老公提离婚，理由有三个：性、冷暴力和语言暴力。我不知道怎么才能让他意识到是他导致婚姻的慢性死亡的。

Ting：举一个典型的场景的例子，好吗？

宇宙丸子：每周他都会出差，一出差人就消失了，三到五天不等。回来就玩电脑，拿着手机看网络小说。和他说话时，他说他的事情，我说我的事情，他不耐烦听我说话，每次回应都不超过十个字。

Ting：是一直这样，还是逐渐变成这样？

宇宙丸子：一直。之前更糟糕，他经常会说"我只想和你在一起，我不爱孩子（我比较能包容他），她以后怎么样和我无关"。

Ting：没懂，只想和你在一起？那怎么会是冷暴力？

宇宙丸子：他说过这样的话，就算你再不好，我也能和你在一起，我是十年不换浴巾的人。

Ting：他不想理你但又爱你，想跟你在一起，甚至不管女儿？一，他不搭理你，冷暴力。二，他怎样都要跟你在一起。这两个点我不太懂。

宇宙丸子：我也觉得遇见怪人了。周围的人都说他很在乎我，但是我感受到的是冰冷的。我和他的沟通半个月加起来的时间都没有 1 个小时。

Ting：嗯，能不能这么理解，他用沉默寡言的方式对待你，却又说很爱你？

宇宙丸子：嗯。

Ting：那你们是怎么谈恋爱的呢？他恋爱的时候也寡言？

宇宙丸子：我和他相遇是在他得抑郁症的时候，我陪着他度过的那段时间。那时候就是觉得他在国外过得很糟糕，我不知道我为什么母爱泛滥一直陪着他。算是因为寂寞才恋爱的吧。

Ting：哦，你想拯救他？他后来走出来了吗？

宇宙丸子：走出来了。

Ting：那么，你拯救的对象"不存在"了？

宇宙丸子：他还需要我，可是我不想继续了。他很需要我，我在这段感情里最后是自己能量不够了，自己崩溃了。

Ting：如果现在有个新的对象能激发出你强烈的拯救欲，你会扑上去吗？

宇宙丸子：不会。死都不会。

Ting：呵呵，吃过亏了。"炒股炒成股东"的即视感。

宇宙丸子：我现在离婚就是自己拯救了自己，之前算是遇见了一个情感吸血鬼。

Ting：你觉得离婚是对自己的拯救吗？

宇宙丸子：是。

Ting：所以，你的关键词是"拯救"。时刻处于某种危机，不是救别人，就是救自己，对吗？

宇宙丸子：这个我试过几次，发现我很容易把别人放在自己前面，几乎第一意识就这样，但是如果我不这样，就真的自毁了。

Ting：退远一步，是什么导致了你的危机环境？有没有可能，这种环境是你制造的，映射出你的某种需要？

宇宙丸子：我容易吸引自私的人，现在才发现。

Ting：嗯嗯，你像一个坑一样，吸引这样的人。但为什么你会成为一个坑呢？

宇宙丸子：以前的家庭，母亲就是这样的人。她教导我女人要善良，有爱心，看得到别人的需求。如果我看到不做，就会自责。

Ting：你会主动靠近那些有缺陷，或处于困境的人，满足他们，帮助他们，拯救他们？

宇宙丸子：那倒不会，就是聊天时他们会觉得被我接纳了，感觉很舒服，之后就会不定期找我倾诉。

Ting：但困境有暂时的，也有结构型的。就好比救急不救穷，你在救急，还是在救穷，分得清吗？

宇宙丸子：救穷。基本上是他们自身性格的根本问题。

Ting：你能理解老话说的"不救穷"的含义吗？

宇宙丸子：之前不能。

Ting：现在呢？说说你的理解。

宇宙丸子：我现在知道命运真的被注定了，他们的性格也是从小注定的，改变的可能性基本为零。

Ting：你在救老公的穷吗？他穷于生机匮乏。你愿意一直贴补他吗？

宇宙丸子：现在我不愿意了，我终于明白再这样下去就是自毁人生，必须自己救自己。

Ting：穷也许并不是他的错，是因为他命中被注定了穷。你不能改变，但你可以选择要不要继续贴补，上至生命，下至家用。所以你面对的是一个选择题，而不是证明题。不要证明这是他的错。那只是为了让你离开时良心稍安。你的离开与否，只跟你自己的取舍有关。

宇宙丸子：我明白了。

本案要点　在遇到问题时，应该"撕"别人还是"撕"自己？我的回答是，在亲密关系中，往往最应该"撕"的对象是自己。亲密关系，绝大部分都是你自己选择和造成的结果，你是个独立的成年人，没有人能真正强迫你非要处在某段关系中。

和丈夫沟通有障碍——自我意识

燕子：昨晚很想和老公"撕"。最近对一笔投资很感兴趣，我想少拿一些嫁妆的钱出来，为了避免他不开心，我说减少的那部分我会去凑，我老公还是很不悦，说都是我父母在影响我。

Ting：你想达到怎样的目的呢？

燕子：很不爽什么都按他的想法来，我一旦不配合，他就对我摆脸色。

Ting：哦，你是包办婚姻吗？

燕子：别人介绍认识，交换了联系方式，在QQ上聊了一个月，然后试着约会，彼此觉得满意，4个月后就订婚了。

Ting：嗯，你通过4个月的考察，选择了一个伴侣，对吧？现在要退货，还是嫌产品质量不好需要维修，我则是你请的修理工？

燕子：虽然很无奈，但这是自己的选择，不想退货，想维修一下，需要一个修理工。

Ting：如果他也想维修你，还请了同一个修理工怎么办？他说："我老婆就是不肯听话，怪烦的。"

燕子：那我好开心啊。

Ting：嗯。那你们就欢乐地相互维修呗。这就是大部分人的婚姻。

燕子：要我听他的，那得说出个道理来啊，如果有道理我就听。重点是他不沟通，直接给我一个结论。

Ting：嗯，你有对于何谓"沟通"的具体指标吗？比如这件事，他做到什么样才叫沟通。

燕子：这样的沟通相处模式我们已经维持好久了，我受够了。

Ting：不，我没问你感受，我问你如何定义沟通——他要怎样，你才觉得是沟通。

燕子：和我聊天。

Ting：聊多久？

燕子：每天至少20分钟。

Ting：对表情和态度有要求吗？

燕子：没有，态度不要太差就好。

Ting：好的，如果他做不到这一点，你就要甩掉他？

燕子：我就抑郁了。

Ting：宁可抑郁也不离开？那为啥？

燕子：给对方一点时间啊。如果再过一年还是这样，我可能真的就离开了。如果得了抑郁症，我会自己疗愈，或者找心理医生。

Ting：哦，有时间期限，你用一年来谈判"每天陪我说20分钟，态度不能太差"这个条件？

燕子：差不多。偶尔一两天没空也可以。

Ting：我好奇，一个伴侣每天连20分钟时间都不给你，你留在他身边是图啥？

燕子：只是觉得自己选择的，自己要负责。

Ting：哦，就像买了个东西，即便不好用，你也要对它负责？

燕子：婚姻又不能如此简单判断啊，所以时间是一年。

Ting：哦，在一年里尽量维修，修不好就放弃，还是继续凑合着用？

燕子：可能就放弃了。

Ting：嗯。明白了。你的题面是要跟爱人谈判——每天陪我说20分钟话，偶尔一两天没空也行，态度不能太差，一年后还做不到就离婚。对吧？

燕子：差不多。

Ting：嗯，那就去谈判吧。加油！

燕子：不是吧。就这样。如何谈判呢？

Ting：条件都这么清晰啦，写个合同啊。

燕子：我和他说过，和我好好说话，无效啊。

Ting：你不是有一年期限吗？给他一年的时间学习跟你沟通。不管再笨的人，有诚意的话肯定会有进步的。

燕子：或许吧。不过 Ting，男人怎么哄比较有效？教我一下啊。

Ting：从"撕"变成哄了吗？你并不打算对问题或命题较真，只想哄一个男人，得到"一招鲜吃遍天"的秘法。我没有这样的秘法，我的秘籍是用于跟他人划清界限，而不是如何黏在一起。

燕子：我可以理解你的秘籍是先找到自己吗？

Ting：对。你放弃自我，我帮不了你。这就好像一个小女孩拉住我说："叔叔，那个小男孩抢了我的皮筋，你去帮我抢回来。"我替你抢回来了，你又说："我不要抢回来，我要他陪我玩，每天玩 20 分钟，一年以后他还不陪我玩的话，我再考虑要不要抢回来。"请恕我只会抢皮筋，谢谢！皮筋，就是你的自我意识。

本案要点

在处理感情案例的时候，你会看到我并没有那么"严肃"，因为亲密关系并不是利害分明的，很多都是痛并快乐着，不能简单拆分清楚。

本案主的诉求貌似简单——要求定时定量地"沟通"，但这就已经背离了亲密关系的本质，即所有能被量化处理的都是一种"甩干"行为，而感情础永远是奔向"湿"而去的。

丈夫不配合办离婚手续，怎么办——宣讲和沟通

Ling：昨天我和孩子爸大吵一架，当着孩子面，这是第一次。我用玻璃杯子扔了他，流血了。晚上孩子小心翼翼跟我说爸爸流血了，我很害怕对孩子造成创伤，怕能有第一次必然会有第二次。

Ting：现在心情如何？

Ling：我恨他，快三年了，一直拖着我不跟我办离婚手续。我发现自己是个懦弱的人，看见他除了愤怒没有其他情绪，其实我在外人眼里还是很理智的。现在感到很后怕。

Ting：为什么要离婚？

Ling：我俩无法沟通已经很久了，家里、孩子都是我在管，他不闻不问。他居然认为这是理所当然的。

Ting：能简单说说你们俩的状况吗？

Ling：结婚十年，孩子五岁。没有孩子前我忙工作，不懂经营婚姻的生活，只知道挣钱，以及如何在城市立足。后来我工作遇到瓶颈，我居然天真地认为有个孩子就可以好些，没想到生完孩子才是我噩梦的开始。

Ting：他做了什么？

Ling：零交流，最初我很诚恳地找他沟通，他每次都是黑着脸不说话。我很抱怨，再后来我去学花艺、茶艺，以转移自己的注意力，我期望自己能有所改变。

Ting：他之前跟你好的时候，你们有交流吗？是怎么走到现在这步的？

Ling：这么多年，他一直换工作。2012 年我怀孕期间他要创业，我给了他 10 万本钱，两年后还欠了一笔债，我还了一部分。这种失败是必然的，我劝过他他压根不理。2015 年晃荡了一年，靠信用卡套现和借钱度日，后来利息实在太高，我让他还了 5 万多。2016 年我介绍他去我朋友公司，

他干了一年也没啥业绩还对公司各种嫌弃，现在我也不知道他该干什么。交流，有，那是刚认识的时候，各种描绘美好的未来。2012年我生孩子，他妈伺候了我一个月就走了。回去后说我的各种不是，我们父母两家离得很近，农村这种流言对我父母伤害很大。两家闹得很僵，冷战三年多了，我也没回去过他们家。

Ting: 你的问题很"庞大"，但我们今天尝试换个维度，你愿意试试吗？

Ling: 你说的新维度，我愿意试。

Ting: 现在你面对着我，我在你眼中，是个什么样的人？

Ling: 理性，有思想。

Ting: 我们还很陌生，对吗？你想象了一个人，觉得他理性，有思想，但这些还没有被验证过。

Ling: 听过您的直播，我感觉您是值得信任的人。

Ting: 嗯，如果要你验证你对我的判断，你怎么验证？

Ling: 我是做业务的，现在自己创业。十多年来也算阅人无数。

Ting: 是的，我们看人先凭直觉和经验，这没错。但然后呢？你没有方法吗？

Ling: 理性不好说，有思想这一点已经通过那次直播和围观个案验证了。

Ting: 现在我就在你对面跟你说话。你怎么验证我符合你的期待呢？

Ling: 没有特殊的必要，例如，有件事是我的业务需要，或者某个人个性很吸引我。何况验证的也只是一个点，人是网状的。你怎么验证我符合你的期待呢？这个需要验证吗？验证的必要性有多大，我相信就好了吧。

Ting: 很好。那我现在要说个很重要的"维度"——请你退后一步，把自己摘出来，从我们开始说话的第一句开始，只看一件事——我们有没有建立起真正的"沟通"。沟通，是双方的信息流动，不是单方的。

Ling: 我貌似没有太关注你，只是自己倾诉。

Ting: 你看到了这一点，很重要。那么就要问问，这是你的常态吗？

Ling: 工作中也是这样，但会好一些，对方是我客户。

Ting：有利益交互的时候，你会注意沟通。但日常呢？尤其跟亲密关系相处的时候呢？你注意过吗？

Ling：没有。

Ting：你学花艺，茶艺，这都不是沟通，都是在对一个想象中的符号说话。我今天一上来，就成了你想象中"能解决问题的新符号"。

Ling：我创业前在公司做高管，现在想来自己情商很低，认为人就应该那样，因为我是这样要求自己的。

Ting：对，你根本不关心对方是谁，想当然地认为对方是谁就是谁。然后根据你的想象，倾诉和交易你的需要。如果不能达成你就会愤怒。我不得不问一句，我凭什么要满足你的想象啊？

Ling：最后一题一定要回答的话，就是身份。

Ting：是的，你假定了我像个售货员一样出售"解决问题"的方案。只要一笔咨询费就能解决你人生的大烦恼。你的烦恼，会不会太便宜了些呢？

Ling：这个倒不是，我折腾了两年见了各种高人，最后的结论是只有自己可以拯救自己。对你的咨询方式做了深入了解后，我觉得您可能会给我其他方向的突破。

Ting：但我的重点在于，你会"沟通"吗？你在意对面的是个人，还是只是个符号呢？就好像我也可以这么问——你老公究竟是个人，还是个"老公"的符号呢？如果他不符合你对老公的预期，你怎么建立沟通？

Ling：平等、尊重是我年初开始实践的课题，我现在已经在提醒自己了。

Ting：试试看。现在你怎么对我"平等""尊重"，乃至于开始沟通？我是网络上的一个符号，即便弄砸了这个符号，对我而言也没什么代价。你要怎么把我从一个符号变成一个具体的人？抽象词汇人人都会说，我们来试试真格的，怎么落地实施？

Ling：老师您是现在不愿意继续和我这样子的人对话了吗？

Ting：没有啊，我乐在其中呢。我很愿意跟你共同迈上一步。

Ling：为什么让我回答这么复杂的问题？你知道我情商很低的。

Ting：实践是检验真理的唯一工具。"沟通"这个词，很复杂吗？你现在要打退堂鼓了？"我情商很低的"这种话，就是为了逃跑做铺垫呢？

Ling：我喜欢去拜访客户，很愉快的交流之后，我有时候觉得我在演戏，还乐在其中。我更喜欢把自己一个人关在屋子里，我甚至不知道什么状态是真正的我。

Ting：嗯，我理解，因为那是交易。有目的性的交流都是以交易达成为重点。但生活没有目的，亲密关系也没有。

Ling：我不会逃跑的，老师，我愿意接受各种考验。

Ting：有时候，沟通也没有目的，沟通只是获取共鸣的快乐，让人不那么孤独。来，试试看，跟我产生一点点共鸣。

Ling：看到您死亡体验馆的介绍，很是向往，我这还不够坦诚吗？

Ting：你坦诚，却是单方面的，是闭环。记得，这里有两个人，不是你一个。

Ling：其实，我上周写了很长很长一篇文字，但读过的人都说这样太长、太暴露隐私了，所以就没给更多的人看。

Ting：写了很长很长的一篇，还是你在自说自话呀。我现在就在你对面，正在跟你说话，你怎么建立两个人的沟通？

Ling：你表示乐在其中了，难道还不算是共鸣吗？

Ting：这是我单方面的感受。我需要你迈上一步，主动建立起真正的"沟通"。

Ling：如何建立两个人的沟通？从来没被问过这个问题，我现在做的不是沟通吗？还在自演自说？

Ting：你在以倾诉的方式做演说，不是在沟通。

Ling：是不是我现在这个扭曲的婚姻现状和我不会沟通有关系？

Ting：当然，有直接的因果关系。沟通永远是两个人的事，而不是一个人和一个符号之间的演讲。如果两个人都是符号，那就是你说的零沟通。

Ling：丁老师，你可不能放弃我啊。

Ting： 这句话还是目的性的，而且直接引导"行为"——"你不能放弃我"。你就当在拳击场上，我在教你最基本的一个直拳。只要你打出来了，我就给你五星。

Ling： 上海今天天气如何？

Ting： 上海下雨……你是英国人吗？要聊天气。

Ling： 其实现在我已经很感动了，也验证了我的那个信任。

Ting： 这还是闭环——你在表达感受。

Ling： 天气会对您的心情有影响吗？

Ting： 呵呵，有进步，但很生硬，有没有更好的问法。

Ling： 我想像您这段位，别说天气，就是时空变幻也会如如不动吧？

Ting： 柔软了些，能不能去掉"自己的判断"——你把猜测混在了一句话里，并期待验证。

Ling： 现阶段什么能够影响到您的心情？最初的一周看到有些人对您的崇拜，有点妖魔化的气息。

Ting： 虽然是我逼你的，但好了很多。好就好在，一，你在问我问题，这是关注点在他人身上的一种方式。二，我可以回答你，建立起"不确定答案"的问答，这是沟通的开始。简单来说，好的沟通可以很简单地开始——比如"你还好吗"？不带预设、不带目的性的问题，都是沟通的开始。

Ling： 哒哒哒哒的一直说，不是害怕老师时间宝贵，扔下我不管了吗？其实这样子聊天我更愉快。只是我心中一直放不下您是老师的身份。

Ting： 沟通是彼此的钩子啊，相互没有钩子，怎么能粘住对方呢？你单方面说得再多，我这边也没办法回应啊。

Ling： 我的钩子太多了？

Ting： 不，你是没有钩对方的意识。

Ling： 我认为您有义务接住。

Ting： 钩子，是对彼此的兴趣，而不是对自己的兴趣。

Ling： 对，我也没扔钩子。

Ting： 你对我的兴趣越多，我对你的兴趣越大，我们才会建立起"沟通"。如果你只是想拿我做工具和符号使用，我们就不可能往下走。反过来也是一样。所以你现在回头看看一开始的对话，你单方面地倾诉着，没有一个钩子是给我的。无论是老公，还是老师，在你眼中，他们都是符号，承载了太多的目的性，而不是一个具体的人。

Ling： 看到了。

Ting： 当他们满足不了你的期待时，愤怒就产生了。你现在不妨问问自己，关心过老公的感受吗？在意他怎么想吗？我不是说他做得对或错，但你如果在心里不愿意跟他建立起沟通，责任一定是双方的。零沟通，一定是双方的责任，你们都没有给对方钩子。当然，如果从来没喜欢过那个人，就另当别论，但你们显然是爱过彼此的。怎么走到这一步，你至少负有一半的责任。

Ling： 关心，那是以前。他从我朋友公司离开的时候起我就放弃他了。

Ting： 是啊，放弃的后果你也看到了。纠缠是彼此在意，冷漠才是真的没有关系了。真要跟你老公建立"沟通"会很难，因为矛盾年深日久了，何况你还有目的性。但我今天跟你说的"沟通"，是对你而言的命题。

Ling： 挽回还是放弃，这个过程我纠结了两年。我下定决心放弃这段关系是因为这种冷漠影响到了孩子。

Ting： 跟孩子建立起"沟通"还不晚。你回忆一下，以"无目的性"为标准，你跟孩子的沟通可以打几分？你要求他做这做那，问他这个那个的时候，是以目的性为主，还是真正关心他，与他互动？他回馈了什么信息给你？

Ling： 这点我是比较自信的。对孩子我很用心，8分我认为是有的。

Ting： 带着今天探讨的命题，你再回看一下你与他人的沟通方式。我没有定义，只是建议。

Ling： 明白。我意识到了，这是我一直忽略没有找到的点。很感谢你给我说了这些，受益匪浅，能再陪我聊聊吗？特别是关于沟通的目的性。

Ting：沟通诚然包含了目的性，但目的性太重，会极大地阻碍沟通的开放性和顺畅。这不是绝对的。对沟通对象传递来的信息，建议做到不抽象，不上脑，不评判。沟通永远是两人以上最佳的相处模式，尤其对亲密关系而言。你刚开始的几句话，比较强烈地表现出了"单方面"的特质。长期处在倾诉或宣讲状态下，人会看不到对方的存在，要么把对方变成遥远的符号，要么变成控制的对象。所以建立起"沟通"的意识才是第一步。

Ling：收到！

本案要点

  有很多人只是"说话"，而不是在"沟通"。沟通首先来自双方对彼此都有兴趣，一个能提问，一个愿回答。你经常会看到有些对话中，一个人不停地讲，另一个人心不在焉地听，那不是沟通，只是单方面的宣讲。

  不妨借这个案例检验一下自己的沟通意识吧，看看你平时在与他人交往时，是否做到了真正的互动。

男友物化女性，分还是不分——坐标原理

半糖：男方提出分手，他提的三个条件让我很难心理平衡。一是自然属性，说我的属性吸引其他男性，但是不够吸引他；二是交易不平衡，我身上没有他想要的东西，他请保姆和司机照顾他，我却没有给他附加值；三是，对后代我们没有太多的想法，刚交往的时候我就说不是很想要小孩，但是后来想法有变，可以不丁克。但我和他的文化属性趋同，又有骑马、红酒、爬山这样的共同爱好，所以我们大概半个月会一起做一件事。我现在的问题是，如果打算继续跟他，我该怎么做。

Ting：好问题。他需要什么？

半糖：他觉得女人需要守护者，男人需要妈妈，像保姆。

Ting：你不是这样？

半糖：大半个月前我给他过生日，我们俩单独深谈过这个话题。

Ting：展开讲讲。

半糖：他是一个生性凉薄的人，他满脑子哲学啊，人工智能啊，人类未来啊，不怎么关心男女这些事情。

Ting：那他说的守护者是什么需求？

半糖：男人给女人家、安全感。我们刚开始交往，我第一次去他家就觉得他家的保姆有一点女主人气息，他也谈到他换过女朋友，却没换过保姆，因为生活上的协调、照顾、沟通太重要了。

Ting：你觉得他有把女性物化的倾向吗？就像保护资产一样保护女性，而不是面对一个活生生的平等的人。

半糖：我们做过思想层面的深度沟通，他说过他觉得女性像工具。

Ting：明白。你说的深度沟通，其实是抽象层面的观念共鸣。

半糖：是的。

Ting：但抽象沟通因为没有现实验证，反而可能是最浅的沟通，而不是最深的。比如，在面对陀思妥耶夫斯基时很容易产生共识，但面对最后一块馒头的时候就不一定了。

半糖：是，我们反而在生活中很少有联结。

Ting：你们生活在童话城堡里，红酒、骑马、爬山、高尔夫……乃至英国瓷器上的那朵花，都是童话。

半糖：他说像韩国、日本这样发达国家的女性愿意做家庭主妇，并且这是很好的归属。中国是因为经济压力大，女性被迫成为强者。

Ting：这是对女性的进一步物化。我们展开"地图"看看如何？先看阳属性，你和他目前在哪个层面？

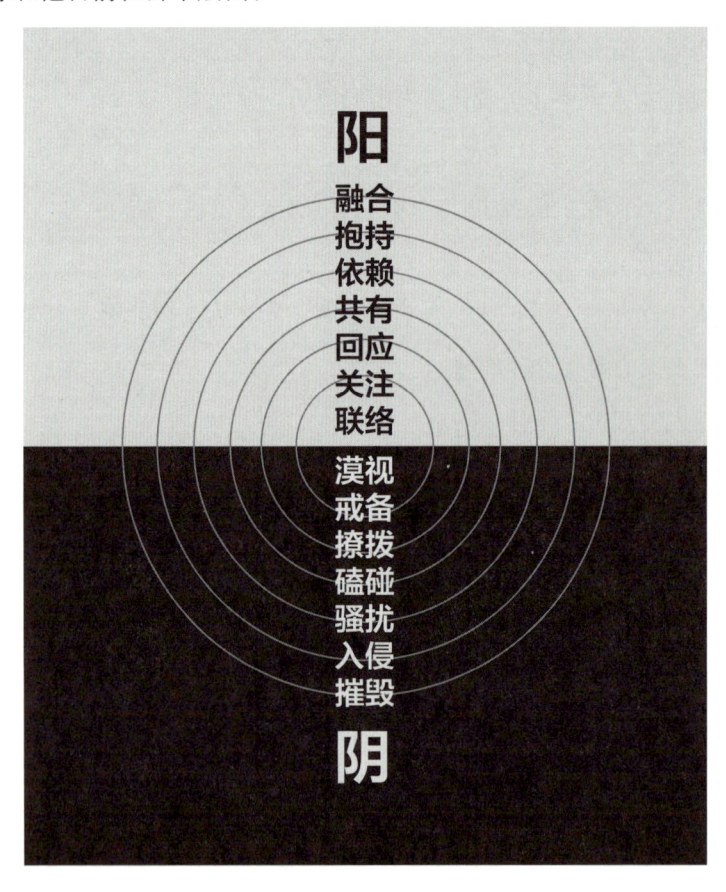

阳
融合
抱持
依赖
共有
回应
关注
联络
漠视
戒备
撩拨
磕碰
骚扰
入侵
摧毁
阴

半糖：回应，共有都只是一些些。

Ting：局限性共有——共有一些高大上的爱好，但不共有那个可以充饥的馒头。

半糖：他的实际情况也是大隐于市，没有太多联结点，除了吃饭、做运动。

Ting：如果再向上，他也描述了他的"依赖"——寄生性依赖。是啊，他没有向上发展关系的动力，现在是你单方面有啊，这不是单相思又是什么？

半糖：我对他的吸引力还不够。

Ting：你在"局部共有"的薄弱基础上，想要再迈上一个台阶，这就是你刚才提出的要求——怎么进展？

半糖：这不是我想玩嘛，他想去山里避暑又觉得保姆不方便照顾他，我还开玩笑说让他请我兼职一周。

Ting：未必是你吸引力不够，而是不够唯一。作为一碗面条。你非要顿顿都成为桌上的主角。

半糖：我找不到出路。

Ting：答案异常简单，你要不要听？

半糖：是啊，他也会说我很漂亮，有气质，但是他可能觉得就是我天然基因不吸引他。

Ting：你挺好的。但你不够好。LV店里每个包都挺好的，但都不够好，你总是会想着下一个，他也是。

半糖：其实我以前也这样想，但遇到他这样奇葩以后好像终结了。

Ting：背一个LV挺好的，但不是非它不可。这就是被物化的命运啊。

半糖：对！我总结就是消费者永远都希望你给他带来惊喜，福特说消费者能想到更快的马，但他给了汽车。

Ting：哈哈哈，你对他来说是马还是汽车啊？

半糖：马，还不是"温血"。应该说我希望自己成为汽车。

Ting：宝马难养，还得喂食，容易生病。不如保姆这个自行车。呵呵，你也有把自己物化的倾向？

半糖：正想说，我有时觉得我的内心不能接受被他物化接待。但是他很理性，情商超高，他有责任感，让我特别想成为他的家人。

Ting：突然插一句，你平时喜欢刻意睁大眼睛吗？比如，照镜子或自拍的时间？

半糖：不会。不太喜欢照镜子或者自拍。不过，不太有信心的时候照下镜子会心情好。

Ting：那就不得不对他和你的秉性略分析一下了。从你的描述来看，他好像在严格控制自己的边界。

半糖：我想过搬到他的小区，成为他的邻居制造家的氛围。但他不让，他相当清晰自己的边界！

Ting：不让他人入侵到局部"共有"以上的领域。

半糖：非常理性，任何问题都有非常清晰的逻辑推理。

Ting：反过来说，他在共有以上的领域是刻意不开放的。对保姆是生活性依赖。

半糖：是的，包括对他的父母。他父母在一起时我能够感受到他们对他的畏惧，当然他很好。

Ting：就是一丝"依赖"之光。若是邀请你进入依赖关系，也只是更全面的保姆，带得出去的保姆。他经历过什么？

半糖：他除了维护之前的社会人脉，很少再接触其他人，只和以前的合作伙伴处理些公司的事情。

Ting：你知道他为什么这样？是天性，还是经历过什么特别的事？

半糖：他跟我讲过，他在一个比较暴力的家庭长大，以至于他也暴力地对待过弟弟。性格一直叛逆，大学没读完就出来创业，起起伏伏到今天创业成功。

Ting：他在跟你说的时候，有细节和感受描述吗？

半糖：讲过他父亲因为他调皮把他吊起来打，打到他冲过去拿刀威胁他父亲杀他然后自杀。

Ting：嗯，感受呢？他害怕还是其他？

半糖：没有感受方面的描述，他天生对情感不敏感，有点麻木。

Ting： 这是一个点。我们先放着。他详细描述过创业的过程吗？

半糖： 以前我觉得他和原生家庭的相处有问题，这样的相处模式影响了他与别人的相处。有一次我想关系再进一步，他就突然说交易不平衡。OK，我也很有自尊，那就算喽。但是现在再看他，我又觉得他很好，能够投入当下的生活，哪怕每一天只是运动运动、看看书，生活仅此而已，但是他很享受现在。

Ting： 跟着我的问题走，这样你才有机会看到平时看不见的东西。他曾向你详细描述过他的创业历程吗？

半糖： 没有太详细。讨厌谈商业模式什么的。他刚出来的时候当过保安，其实他们家的背景要给他找份工作是没问题的，但是家里面为了让他回去上大学不给他钱花，他就负气当了保安，后来做贸易生意，最后一直做房地产的金融方面的资金生意，有一次亏到负债然后又从头再来。当时玩命儿工作、压力很大，以至于伤了身体。

Ting： 嗯，我在这里先稍微停一下，调整一下我们对话的节奏，以便你更好深入。我问的问题，你感受一下落点，比如，刚才这个"他曾向你详细描述过他的创业历程吗"，落点在你们关系的开放性和深入性上，不在他具体的事件上。所以你不用花力气描述具体事件，而是聚焦在他跟你的关系层。我换个问法，他在向你描述过往经历时，是简单陈述，还是邀你一起感受？

半糖： 没有太详细。对于过往的创业他只是简单阐述。

Ting： 如果他的过往是一个宫殿，他是简单地指给你看，还是邀你一起游历。对，这就是落点。

半糖： 没有游历。

Ting： 你呢？你的经历坎坷吗？复杂吗？

半糖： 除了亲密关系之外都比较顺利。当然，我的人生相对简单。他创业二十多年经历了很多。

Ting：嗯，那我的问题来了，如果他的现在是所有过去的"果"，你凭什么一伸手就能摘这个果子呢？

半糖：不能，我清楚这一点。

Ting：仅凭女性这个身份显然不够，还有什么？

半糖：我理清过，他的财富带来的生活品质对我有吸引力。我和朋友在开公司，做不了他说的保姆、妈妈。我的确不知道怎么平衡交易。

Ting：被财富和生活品质吸引了。你除了长得漂亮，还有什么优势？我现在知道"吸引力不够"指的是什么了。

半糖：我是高校教师，自己在外开公司。以前也谈过恋爱，可哪有和他这么难！

Ting：嗯，你储备了一些知识，以及看起来还不错的社会身份。但你没有足够的能力和技巧打开他的宫殿。

半糖：从来没有遇到过这么难相处的男性，但同时他也深深吸引我。

Ting：他并没有邀请你进入他的"宫殿"。他的经历和感受都锁在宫殿里，你拿不到钥匙，他也不卖门票。

半糖：他说他已经做好了孤独一生的准备，甚至这辈子找不到亲密的爱人。

Ting：在他"宫殿"外面拍张照就走吧。

半糖：不要。

Ting：那有什么办法，你的实力不够啊。从游客甲到宫殿女主人，差距不是一点点大啊。

半糖：我生日时他送了我钥匙项链。这样看来我可以的，Ting 给我方向我就可以。

Ting：纪念品商店都可以买到假钥匙……好吧，我也努力一下。

半糖：Ting 给我方向我就可以。这是我的愿力。

Ting：我只能给你坐标。

半糖：努力变得更好是我一直在努力的事情，不是吗？我还需要什么？

Ting：坐标的意思是，每当发生了什么，你就会明确知道这段关系有没有上一个台阶。第一个坐标是，他肯不肯帮你解决一个结构型的麻烦。

半糖：搬到他的小区去是一个方法吗？

Ting：糟糕的策略，简直是速朽。

半糖：啊？

Ting：边界感那么强的人，对这种"蹭"简直深恶痛绝。

半糖：对，所以我跟他相处一直很有分寸，从没引起他反感。

Ting：我们还是说第一个坐标吧……虽然我不看好。

半糖：我不是制造家的氛围吗？

Ting：你若是连这个领悟力都没有，我也不用教你了……简直缘木求鱼。

半糖：我这样他都不选我。什么样的人会吸引他呢？我知道了，坐标，来，只有你的智商情商来支持我了。

Ting：坐标原理，分三个阶段执行——

他不肯让你进入他的宫殿，你可以请他进入你的家。你家虽小，但简单温馨。这个家指的是你的精神世界，是生活结构，也是现实生活。刚开始不要提要求，只是让他适应，如果他肯，第一个目标完成。

第二个阶段，最好是他主动提出意见。比如，你公司哪里有问题什么的，你就虚心讨教。这个阶段的重点是请君入瓮，让他在无意间产生参与感。

第三个阶段，制造问题，一定是棘手的问题。需要他分出一点精力才能解决的那种，但又不会太烦，刚好够他体现他高人一等的智慧。

半糖：哇，我曾隐隐觉得可以这样，但从没深入考虑过，你一下就戳到了。

Ting：这个阶段，就是轻轻捆绑，制造更多的"共有"，让共有层更扎实。他不见得珍惜你，但他会珍惜他投给你的时间精力。你需要漫长的时间来经营"共有"层，才能为下一步的"依赖"做出足够的铺垫。什么红酒、骑马什么的共有，都是假的。真正能跟他的现实判断紧密结合，才是真的共有。

半糖：可是我就是找不到他的需求。

Ting：他没有明面上的"需求"，但作为一个人类，他一定有隐含的"我高人一等"

的需求，尤其是智慧层面的高人一等。就像我现在花这么多时间来教你，就是这个需求在推动。

半糖：是，我能感受这个高人一等的需求。他曾提出一起去西藏，我不敢，因为我上段感情就是国外一起旅游一个月回来提出分手的。

Ting：旅行是最可怕的真相暴露器——如果你们一起去西藏，你就得处处恭维他的远见卓识，全程感佩不已。

半糖：我一直困惑的一点，就是他为什么觉得我没有吸引力？

Ting：可能是——就凭你，还没有好到可以来摘我的果子。"共同参与"才能形成坚实共有。

半糖：对了，Ting，睁大眼睛照相和照镜子的习惯，意味什么？

Ting：物化倾向，随时准备被审视和挑选的姿态。

半糖：原来是这样。

Ting：高人一等的感觉，不仅男人需要，女人也需要。只是男性落点偏思想高人一等，女性偏物质或感受。所以窝囊的男人喜欢吟诗作赋，而不美的女人则喜欢贤良淑德——个人观点，不见得对。

半糖：Ting，如果我是你身边亲近的朋友，你会不会劝我拍照走人。

Ting：我会评估他的实力，给出建议，也许是破门而入，也许是拍照走人。

半糖：我不想看他孤独终老。

Ting：你拉倒吧……

本案要点

　　优秀的男人，已经日渐成为女孩们要攻克的一座"堡垒"——堡垒里应有尽有，但攻城略地需要相应的兵力和策略，全世界至少有一半的偶像剧在演这个，我也只能点到为止。

　　本案中的重点并不在于具体的策略方法，而是换了个思路：如果你无法攻入堡垒，是否能把自己作为"封地"献上？激发领主的保护欲和制造沉没成本，可能会更容易一些。

老公总是瞒着我给公婆钱——步步为营建立共生关系

沐风：我想"撕"老公凡事不和我商量、不信任的惯性，导致我在大家小家都孤立无援，心里有一种退到墙角仍被掠夺的感觉。

Ting：不信任你什么？

沐风：只要和金钱有关的，我不发现他就从来不说。从结婚到现在，我们尽量靠自己，结婚前的各项支出，从办婚礼到买房装修，我已经把婚前存款都用光了，婆婆每次都说下次给你们。在这期间小叔子两口子没有工作还过着比较奢华的生活，我提了几次意见却都遭到了全家人的痛斥。我们出钱出力又得罪了所有人。到目前为止，老公仍有信用卡在弟弟手里，刷卡消费金数额不详。最关键的是，老公心疼公公婆婆，每次都在不和我商量的情况下做决定，这让我很后怕，他们一家抱团。婆婆还训我们管过家里什么？！我们的自立不算什么，反正会哭的孩子有奶吃。我们俩本来能存钱，但现在变成了负资产。

Ting：你老公是自愿承担弟弟的花销，还是迫于压力？

沐风：他认为那是给父母的不是给他弟弟的。

Ting：是否愿意？

沐风：愿意吧，习惯性给。

Ting：你们就"家庭是经济共同体"这个观念，有探讨过吗？也就是说，你对家庭经济，有决定权吗？

沐风：探讨过。2016年，他十万元的信用卡透支后，我替他还了三万，次月又全部刷出，我毫不知情，和他讲道理也没用。

Ting：我们先探讨决定权，再说现象。你家的收入有多少，在谁手上，花的时候是否共同决定，这叫决定权。如果他刷的时候不必告诉你，你就没有决定权。

沐风：月收入一万五，原来在我手里，一开始我不知道他办了信用卡。

Ting：他刷卡的时候需要征求你同意吗？

沐风：不需要，我不知道卡的存在。

Ting：那就是没有决定权。你要争取这个权力吗？

沐风：嗯，怎样争取，肃清所有吗？

Ting：夫妻是经济共同体，决定怎么花钱，是最基本的权力。这是最重要的事。你自己是否清晰明白自己没有抓住这个基本权力？

沐风：是的，我的恐慌就在这里，我一个人对付一家子人。

Ting：首先是达成共识——你老公必须认同，你们的经济是一体的。如果他连这个也不认同，那其他都是白说。你的第一个堡垒，是你老公意识到"经济一体"这个概念。

沐风：实际怎么做？

Ting：谈判。老公若不认同这个观念，你的筹码是什么？

沐风：孩子和家庭的一切支出我不再承担，可以吗？

Ting：你变成经济独立体？做得到吗？经济独立体的后果，一般会直接导致离婚，而且不占理。

沐风：共同体该怎么做？

Ting：你老公现在的状况是——你的就是我的，我的还是我的。

沐风：太对了，他常说，你凭什么知道我的。我正是想不到我的筹码，才会苦恼，感觉很无力。

Ting：你要做的是"所有都是我们的"。我们的，意味着所有收入共同拥有，所有支出共同决定。你不要低估了经济共同体对婚姻的意义。绝大部分婚姻，就是经济契约在维系。你的筹码需要你自己想，但普遍筹码就是婚姻契约本身——离婚。

沐风：我想这样做一次。

Ting：你必须把共同决定花费这个权力拿过来，否则婚姻必然失败，或早或晚。

因为这个权力在富裕之家，也就是小小争执，但你们是已经影响到生活质量了。

沐风：我可以看到的未来，我需要让我父母和孩子先撤离，然后开始实施，这都是我的软肋。

Ting：相当于他把钱用于赌博或收藏品，具体花在哪里不重要。重要的是你拦不住。他现在以尽孝之名侵犯了你的权力。但原理上就是他单方面决定了你们共同拥有的权力。尽孝，只是让这个侵权显得合理。

沐风：是的。

Ting：不要被"好的动机"迷惑了。动机再好，也不能成为侵犯别人权力的理由。就像你要救人，不能直接割了健康人的肾。你老公现在就是在割你们的肉去喂他的父母兄弟。

沐风：就是这样感觉，我表达不出来。

Ting：除非你同意，否则不可以。重点在他的观念，他没意识到你们现在长在一起，血肉相连。

沐风：我想"刮骨"。

Ting：夫妻就是共生关系，经济就是共生的血脉。你可以根据具体的状况，步步为营，也可以一举拿下。但重点就在"共生"这个概念，你老公是否认同。若不能，及早抽身；若有松动，还可挽救。

沐风：我不抱松动的幻想，每次他服软都很快，重犯的频率更高，跟赌博一样。请告诉我一举拿下的策略。

Ting：服软在于制定规则，也包括违反规则以后怎么办。你不能只在气势上胜利，而没有相应规则。比如，你可以去注销信用卡，如果他再办你就采用惩罚措施。即，所有后果事先说明，而不是赌气。先清算目前所有收入来源，堵上财务窟窿，将所有花销分类，允许合理范围的自主支配，比如每个月一千，超过这个数字必须共同决定。如果有违反，被发现后剥夺对方一个月的自由支配权，如果数额大到一定程度，且恶意隐瞒的话，再考虑用离婚进行谈判。

沐风：好的。

Ting：所谓步步为营，就是逐渐通过训练把共生关系建立起来。收入归总，支出截流。关键点在于支配权。事无巨细，都是对支配权的争取和把控，具体事情无大小。王熙凤是怎么管家的？秦可卿出殡的那一段，你不妨翻出来看看。

沐风：今天去看。

Ting：我只是说原理，具体情况靠你自己审时度势去判断了。

沐风：Ting，我老公的做法是什么机制在起作用？

Ting：他把原生家庭视为共生关系，无法跟妻子建立共生关系。一方面可能是原生家庭给他的归属感太强，另一方面，妻子本身也没足够的力量让他产生归属感。

沐风：我的一个朋友自从犯了一个错误损失了35万后，就失去了经济大权。后来发现不管钱，真是太幸福了。不用操心了，更不用学习理财了。

Ting：她那是反向操作，现在的轻松有可能为以后的失控埋下伏笔。有些夫妻，各挣各的，各花各的，不会把财政大权放在对方手里，也是一种"共生"，因为有"互不侵犯"的共识做基础。而你和你老公连最基本的共识都不具备。

沐风：强烈的归属感能"撕"出来吗？

Ting：情感归属不能强求，但经济是有指标的，可以强求。

沐风：怎样才能给对方归属感呢？

Ting：很难一句话说清，有些人喜欢御姐，也是一种"我把自己交给你"的归属感。你平时应该也缺乏统筹能力，所以给他的归属感较弱。收入少的女士要证明的是同样的钱在我手里更耐花，更能保护家庭。开源和节流都是价值。

沐风：Ting，一开始是我比较乱花钱，后来我收紧花钱发现只是紧了自己。

Ting： 是的，你没能证明你的理财能力，所以他在经济上并不信赖你的判断。

沐风： 老公就喜欢偷着给公婆钱算不算没有共识，我朋友就这样。妻子并未阻拦过，只是他家都喜欢这样偷偷摸摸，或者平白无故地给些，感觉像占到便宜，很爽。

Ting： 偷偷摸摸给父母钱也许本身就别有情趣。因为生活不容易，所以钱就增添了意义。

沐风： 这个用和老公说开吗！其实该孝敬老人的光明正大地给多好，会显得媳妇人不错。

Ting： 你若大度，随他，你的名声也是馈赠。你若计较名声，明说，每个月固定给，年节一起馈赠。

沐风： 信用卡我想收回来，不是我们花的我不想承担。

Ting： 你可以把小叔子花费圈出来，看看金额，变成固定支出，或者以借贷方式明确下来。明确边界不是杜绝，而是清晰化。

本案要点

步步为营颇不容易，因为人人都盼着能有一步解决所有难题的妙招。然而越是日常的矛盾，越是日积月累的产物，必须靠抽丝剥茧才能还原或解套，它不但是两个人的事，也是两个（甚至更多）家庭的共生结果。

无法沟通的婚姻——亲密关系的底线

小汐：结婚五年多，逐渐发现自己和老公之间无法产生我需要的亲密关系，为此痛苦了几年，去年遇到了一个觉得不错的人，就毅然找他做了情人。期间，一边在家中尽自己的家庭角色义务，另一边在情人的关系中满足自己对亲密关系的需要。现在，老公察觉了这件事，其实在最初找情人的时候，我也做好了接受后果的准备。

Ting：现在准备摊牌吗？

小汐：昨天待儿子睡下后，我问他："为什么最近心情不太好，是工作上的事情吗？"他带我去了小房间，让我解释这件事。我承认了找情人的事情，他问："我准备怎么办。"我说："能否考虑把婚姻当作契约执行，亲密关系不在婚姻里面。"他说，不可以，他的婚姻就是忠诚放第一位。我说："那是不是我出轨这件事情，只要一旦发生，就变成了不可挽回的事情。"他说是的。所以我们用了15分钟划分了财产，孩子抚养权的问题……

Ting：干净利落。

小汐：我心里总是有点堵，虽然说这个场景我已经想过很多次，他的反应也在我意料之中，但是我还是哭了很久。

Ting：为什么哭？

小汐：昨天看着房间里的熟悉的物品，有些不舍。

Ting：你是要净身出户吗？

小汐：是的，我要了孩子和自己刚买的新车，婚后的房子没有拿。

Ting：从利益层面，你觉得是公平的？

小汐：我之所以这样选择是因为觉得这个是我出轨的代价之一，我愿意用这些身外之物补偿他。

Ting：嗯，理解。你的情人是什么态度？

小汐：他之前问我愿不愿意离婚和他在一起，我说我离婚的目的不是为了找下家。他表示理解。

Ting：他是单身？

小汐：他也是个正在办理离婚手续的人。他家是夫妻双双出轨……唉，有点讽刺。

Ting：你真的想跟情人在一起吗？他是正餐，还是只是甜点呢？

小汐：如果是亲密关系，目前是正餐，虽然情感已过峰值，如果是一起组成家庭，我还没考虑好。

Ting：嗯，你在此刻想说过去还是想说未来，或者是当下还有未能抒发的情感，需要跟我探讨？我们找一个落点。

小汐：本来只是想和你探讨一下，但是现在更想聊未来。

Ting：未来你想要怎样的生活？

小汐：我很在意爱人的支持，精神上的支持为主。

Ting：嗯，精神上的支持体现在哪些细节上？

小汐：以我目前的赚钱能力自认为可以给自己不错的物质保障。前几天儿子手足口病高烧六天，病好后，又因为扁桃体发炎高烧了五天。我用自己学习的中医知识尝试治疗孩子的疾病，但是效果不好，看着他连续发高烧，我压力很大，于是和老公说："宝宝最近两个月生了三次病，我真的压力很大。"我特别希望他能给我一些语言上的支持，但是我啥都没有得到。

Ting：你的情人会怎么做？

小汐：在孩子生病时，我情人跑过来帮我给他搭脉，并且时刻询问孩子的情况。

Ting：是他个性如此吗？还是他特别照顾你这个具体的人？

小汐：他算是中国式老好人的性格，不太拒绝别人的请求，但是对我，他格外用心。

Ting：我乌鸦嘴一句，如果以后他的用心转到别人身上了，你又当如何？

小汐：我也认为这个很有可能，所以我不太愿意再与他建立婚姻关系，至少不是现在。

Ting：那我们在这里深入一下。

小汐：好。

Ting：所谓"用心"，你觉得是怎么来的？是天然吸引，还是彼此打磨？你倾向于哪个？

小汐：在我和情人的关系中，是天然吸引为主的，但是在夫妻关系中我更认同彼此打磨。

Ting：好，一步步来，孩子生病时，你情人为什么要对孩子嘘寒问暖？他真的对一个孩子的病情有很强的感同身受吗？他天然被孩子的病情所吸引？

小汐：他想通过对孩子的关心，表达对我的关心。再加上他是个中医，对孩子的病情比较关注，但是第一个原因占得更多。

Ting：孩子是媒介？那你通过什么媒介还回这份关心？

小汐：去年我们的关系状态是，我对他的爱更多。今年我把更多注意力放回自己身上，逐渐和他产生了一些距离，所以情形逆转为他追逐我更多，我目前处于坦然接受阶段。我只是回请他吃了一顿饭并且表达了感谢。

Ting：去年你因为自己的需要，"关注"和"关心"了他。今年他出于自己的需要，关注和关心了你。你们是在天然吸引的阶段，是否进入了打磨阶段？打磨意味着有意识地能量流动。

小汐：能举个例子解释一下打磨吗？

Ting：比如，你希望老公关心、体谅你在孩子生病时的焦虑，这是一个需要。而这个需要无法传递给你老公引起他共情，你没有用手段，也没有达成目标，这就是没有打磨。当你的需求不能传递给亲密对象，也不能回流，这就是缺乏打磨的意识和手段。同理，当你的情人变成新一任的老公，这样的事还会继续发生——天然的热情总是会迅速耗竭。

小汐：嗯，我回想了下，如果说打磨，那我好像的确没有过，因此我学习到的都是表达自己的情绪和想法，但是如果对方无法接收到，我就束手无策了。

Ting：老公和你可能积重难返，但我先问一下，老公对孩子有没有自己的关心方式？

小汐：有吧。

Ting：你看到了吗？是什么？

小汐：看到了一点点，他会用手机搜网上关于手足口病的资料。

Ting：嗯，假设他也承受着压力，你对他的压力做了什么？

小汐：我会和他聊孩子的情况，告诉他医生怎么说，问问他的看法。在这里我突然发现，如果他什么都不说的话，我好像没有办法感受到他的压力……

Ting：嗯，普遍来说，女性擅长表达情感，把压力和痛苦宣之于口。但男性羞于表达情感，承受压力选择缄默，但不表达不代表没有压力。

小汐：是，你说的对。

Ting：这时候，假设双方在孩子的病情上获得了同等的压力，而你一再地要求对方关注你，你却从未关注过对方，你们之间就没有建立打磨的关系。这时候关系就会失衡。

小汐：我想解释一下，我并没有一再要求，我只要求了一次。大部分情绪我都自己处理了，孩子两个月生三次病，这对我的身心造成很大的压力……

Ting：你只看到了自己的需求，并把"有没有说出口"当作是否存在压力的唯一指标。你假设了只有你有压力，并希望对方能够关注你。但我想说，可能在你看不到的地方，对方正承受着同样或更大的压力。

小汐：当我没有压力时他就情绪不好，这一点我可以感受到。当我有压力有情绪时，我会优先照顾自己。

Ting：明白。你做得没错。我提出这个视角，是想让你看到在你的情人变成老公之后，如果你依旧只能看到和照顾自己，那么他会变成第二个无法沟通的老公。

小汐：我同意你说的，在我看不到的地方，对方可能也正在承受压力。我和他的基本沟通都很少，所以很难体谅他。

Ting：天然关注一定会被耗竭，或迟或早。这是事实。如果进入不到"打磨"状态，任何亲密关系都不会长久。

小汐：嗯，明白。我昨天问他，如果我没有出轨，你觉得我还算合格的妻子吗？我自认为，在契约关系中我已经很尽责了。

Ting：但可能他对尽责有别的定义。

小汐：他说，你是个合格的妈妈，但不是一个合格的妻子。我很郁闷……我明明都已经很努力了。

Ting：在你看来，你老公对出轨这件事这么在意是因为他对忠贞与否非常介怀？

小汐：是的。你这么一说，我觉得可能他觉得我不够体恤他的情绪吧。但是我真的是不能，而不是不愿意啊。

Ting：为何不能？

小汐：他说，在婚姻中，他把忠诚放第一位，他在很多次被诱惑时都没有选择出轨，因为他想起了我。我对他说："这样没质量的婚姻，你就没考虑过要和我聊一下吗？去年我多次尝试和你讨论我们的关系，你都逃跑了。"

Ting：我们总说"最重要"的排序，但很少会说"最底线"。在我看来，你们对亲密关系的"最底线"要求不同。他要求的最底线是行为上的忠诚。你要求的最底线是能够沟通和交流。

小汐：是的，他说过忠诚是底线。

Ting：你们对亲密关系的地基的定义，有本质上的区别。你跟情人之间，有共同的地基吗？

小汐：地基是指？

Ting：你们的最底线，都是沟通。如果不能沟通，亲密关系则不复存在。

小汐：是的。

Ting：我建议你再三确认这一点。这个确认，不是要他承诺，而是你站在新的视角，重新观察你的感情。

小汐：是的，我明白，我会通过自己的观察去判断。

Ting：亲密关系里的能量流动意味着在彼此认同的基础上，愿意互相打磨，并有意识有方法地行动。打磨需要意识和方法。打磨的方法说来也很简单，不止亲密关系，所有有深度的关系都是建立"我和你"的关系——把对方当作平等的对象，看到和理解对方的感受，才能建立起"我们共存"的基础。而不好的关系都是"我和他"的关系，把对方物化。表面上看起来，仿佛是我在跟你说话，但如果你只是想让对方看到你、听到你、认同你，都是"我和他"的对话，而不是"我和你"的对话——没有平等，没有互动，更没有共存。

小汐：落到日常生活中的对话里呢？

Ting：普通的对话，以往对方刚说了一个什么状况，一秒钟后，你的结论就已经出现了。但"我和你"的对话里，重在千回百转，不在结论。特质吸引是亲密关系的基础，打磨是走深走远的必经之路。最初的吸引，原因很复杂，可能是情欲，可能是情境，不一而足。这算是天然选材好，但一块再怎么好的大理石，也不是最终的艺术雕像。最终呈现出来的那个美，大部分是要靠打磨的。

本案要点

底线是什么？底线是亲密关系中两个人共同打磨出的基本共识，有时是忠诚，有时是利益，有时是孩子……我建议所有的有情人都认真地磨合一下"底线"，如果底线清晰稳固，在上面盖什么大厦都容易很多。

我想保住这个家——放风筝

悠悠：我和老公是大学同学，毕业后才恋爱，后来进入同一家单位。结婚十年，我时常处于焦虑状态，老公一直挺包容我的，儿子六岁时老公出轨他同办公室女同事，我犹豫要不要离婚，老公挽留，说给他时间淡忘这段出轨的感情，我同意了。可自从去年夏天我怀二宝以后，老公态度大变，说要么打胎暂时不离婚，要么不打胎离婚，原因是在这种状态下他无法面对二宝。我坚持留下了二宝，毕竟是一条性命。二宝出生后，他还是很喜欢这个女儿的，经常抱她。我们的关系也有所缓和。不过他和女同事还是没断，女同事的老公是个花花公子，他们的婚姻坚持了几年，女同事和我老公好了没多久就离婚了，知道我老公喜欢孩子，她就经常周末带着她儿子和我老公、我儿子一起玩。现在，女同事的前夫到处散播我老公和她的事情，周围人都知道了，但他俩丝毫不受影响。老公自从出轨以后性情大变，不管不顾只凭自己喜欢，顶着压力也要继续，不计后果，一副别人越不看好他越要证明给别人看的劲头。我不想离婚，一是为了两个孩子，二是出于对未来的恐惧，三是我对他还有感情。Ting，我的提问有点多。一，如何做，才能拯救我的婚姻？二，老公一直和我有夫妻生活，为什么生二宝这件事当初他接受不了？三，老公清醒的时候和醉酒以后说的话总相互矛盾，是否反映了他内心一直很纠结？

Ting：呼，果然是团乱线。让我想想该从哪个入手。稍等。

悠悠：我也知道太乱了。

Ting：你的"退路"是什么？我的意思是说，如果要从婚姻里退出来，你的情感寄托在哪里？

悠悠：目前在孩子身上，不过似乎还不够，我也正在尝试培养自己的爱好。

Ting：孩子不是退路，孩子是前路，向前看的路。退路，是指放弃了所有，也有人支撑的地方。

悠悠：我的退路是我的父母。

Ting：确定吗？父母会是你放松和疗伤的港湾，还是会给你更多的压力和指责？

悠悠：我还没告诉他们老公出轨的事情。

Ting：假设你现在靠着父母这个退路，背水一战。这个退路不是经济上的，是精神上的。

悠悠：是的，我不是一个人，我有依靠。

Ting：好，那就在这个基础上向前看。如果离婚，你的生活最糟可能是什么样子？

悠悠：老公有可能带走儿子，女儿归我，我妈妈帮我带女儿，儿子女儿没有一个完整的家。我需要面对同事、亲戚们的目光，有一定压力。

Ting：经济上没大问题？

悠悠：经济上，日常开销是没问题的，我工作还算稳定。

Ting：嗯嗯，对老公来说离婚后好处多还是坏处多。

悠悠：在我看来，是坏处多于好处。

Ting：除了跟你一样的压力，他还有什么坏处和好处？

悠悠：不排除他现在积压了从小到大三十多年来的委屈，内心极度痛苦，想要不顾一切地解脱。

Ting：他的好处是获得想象中的自由。从责任和束缚里挣脱出来。

悠悠：这个词儿好准确。结合他的一些言论，我想是这样。

Ting：可能你要对抗的不是婚姻，而是你老公想象中的自由。那个存在了三十多年而不可得的梦想。

悠悠：是的，我赞同。一直以来模模糊糊地有这个感觉，现在清晰了。

Ting：嗯，现在题面出来了——他除了打碎，没有别的方法挣脱。但我们都知道，他打碎现有的生活之后有很大概率无法真正获得想要的自由，因为他对自由的理解可能有误。

悠悠：对。真希望我老公能看到这段话。

Ting：这间接回答了你第二个问题——为什么他那么不想要二宝，因为二宝是加重束缚的又一个砝码。

悠悠：看他痛苦挣扎，我也很心疼。原来是这样，又明白了一个点。

Ting：嗯，可能在他看来，这束缚由几个部分组成，他的原生家庭——长期存在的束缚，你——婚姻的符号，孩子——责任，二宝——道德束缚，而他对应的自由符号只有一个——女同事。如果他清醒地去看，女同事也代表不了自由，顶多是逃出来抽根烟。所以他应该也没那么爱女同事，尤其对方也是负能量满满。

悠悠：他跟我提离婚的时候说过觉得自己不适合婚姻，离婚后短期内不会再婚。

Ting：那么，你的第三个问题，他为什么反复纠结，答案就在这里——他回答不了自己到底想要什么，他举目四望，并没有看见能代表自由的生活方式。很大概率上，即便他以后再婚也是寂寞使然，而不是对自由产生了更清晰的认知。跳离地面一瞬间也许能抓着树枝多撑一会儿，但最终还是会落回地面。

悠悠：我明白了，豁然开朗。

Ting：那我们就来到第一个问题——你该怎么办？

悠悠：我有一点思路了。

Ting：说说看。

悠悠：功利一点说，作为交换，我想要得到什么东西就首先要给到他需要的东西。他需要的，一是所谓的"自由"，二是清晰自己的想法。

Ting：这是交易做法，思路没有错。但我想提供给你一个更好的战略思路。

悠悠：好啊好啊，突然感觉很兴奋。

Ting：有种做法叫"放风筝"，也就是你跟他暂时达成"不理不管"的状态，让他体验一下自由。让他跟他的自由搏斗一会儿。说实话，没人能真正承受得了自由的压力，所以等他意识到他理解的自由根本不存在的时候，你就成了他的"退路"。你不必跟他博弈，你放他去跟他想象中的自由博弈。

悠悠：现在，我们就是这种状态，可是他觉得还不够。

Ting：当他受不了那个虚无的压力想回头的时候，你打开门就是。

悠悠：他觉得离婚才够。

Ting：呵呵，因为你还有期许，还想挽救，这个心态依然是他眼中的压力。他觉得离婚才能给自己做一个心理上的了断。你敢给吗？

悠悠：结婚前有试婚，那我们这算是"试离婚"？

Ting：哈哈，这个词不错。但对你来说，何尝不是给自己一个自由的可能呢？

悠悠：我敢给！到了这个地步，多个尝试多条路。

Ting：那一纸婚书，束缚他的同时也束缚着你。只是因为你想要，他不想要，所以你暂时落了下风。

悠悠：其实，我还没有做好离开他的准备，因为心里真的舍不得，我还爱着他。

Ting：以我的经验，试图追求想象中自由，但没想明白的人，最终都会再次落地。如果你是那片他想要着陆的土地，那诚然最好。但是，如果你根本就不是那块土地，那就另当别论。

悠悠：明白了，未来有无限的可能，你给指了路，画了地图，还得我自己走着看。

Ting：嗯，你的"不想分开"在此刻就是对他的捆绑和束缚。但事过境迁，当他想要回来的时候，你的"不想分开"就会成为家的召唤。同样的感情，在不同的时空里意义会完全不同。

悠悠：听你这么剖析，我更明白了。还有一个问题，我可以跟父母这样说吗？说，我老公是受不了婚后的压力才动了离婚的念头的，例如他父母、我、我父母给的压力，而他一直以来对家人都是有求必应。

Ting：让爸妈变成责任方？

悠悠：是的。

Ting：其实越是有责任心的人，越想挣脱束缚，撕毁契约。所以你这么拉爸妈下水好不好？

悠悠：我不敢跟我父母说老公出轨的事，那样的话婚姻就彻底解体了，我爸妈会超级生气。

Ting：哦，你做得对。选择性地说出真相。

悠悠：不知道以后会不会露馅，有些担心。

Ting：不要紧的，露馅儿就露馅儿，有什么关系呢。你可以理直气壮地说"我是为了保护你们不受伤害"。

悠悠：或者说，肯定会有露馅儿的一天，不敢面对父母是因为在一定程度上，他们背了锅。

Ting：你说的也是真相的一部分啊。

悠悠：新思路。

Ting：你并没有撒谎，我们看的电影还是被剪辑过的呢。你只是剪辑了一部分预告片给他们罢了。

悠悠：这样我心里舒服了很多。

Ting：真相不止一个。我们只是选择了自己想要的真相，展示给别人。

悠悠：认同。

本案要点

　　责任是一种抽象的契约精神，是为了跟他人保持长久良好的关系，所以需要靠精神力维系。这种精神力跟本能反应背道而驰，所以责任心越强的人，对本能的压抑也就越厉害。撕毁契约，就从形式上解脱了那个束缚。

　　自由，是自由选择的权利，人因为精神上的选择权，而获取自我认同。绝对自由，就是无论外界怎么对待，自己心中依然有选择"如何看待"的自由。有个叫弗兰克的心理学家，二战的时候被关在集中营，他创造了"绝对自由"这个概念，这就是精神权利。本案中的老公，把"自由"理解成外部条件（比如婚姻），而没有意识到自由的本质是什么。

家有"妈宝男"——因势利导

Vinnie： 老师，你好。我和先生结婚三年，有一个一岁多的女儿。他是上海人，在单亲家庭长大，我是广州人，婚后他搬来广州跟我一起生活，他母亲对此非常反对，我先生只能两边跑，一直处于拉扯之中。上个月我们出去旅游，他妈打电话骂他，说凭什么你们能一家人和和美美，我却要一个人在家？随后提出要搬到我们家来住，我先生二话不说就跟我提出让他妈搬过来。我坚决反对，感觉自己的领地被侵犯了。之后过了几天，我先生就说："我要回去照顾母亲，归期未定。"还说："我既然无法调和，你和我妈以后就不要见面了。"因为我俩都是做心理咨询的，他从开始的"妈妈是我第一需求"到现在"承认夫妻关系是第一序位"，有了很大变化。但现实中，依然没有办法解决问题。他妈总是说自己身体不舒服，儿子不在身边自己死了也没人知道。她又不肯请保姆，什么都指望我老公。请问这种情况怎么破解？

Ting： 不能破解。对我来说，这是个死循环。因为你老公的心理需求大于甚至碾压婚姻契约。

Vinnie： 是的，我也有这种感觉。

Ting： 你手上的牌，是"核心家庭最重要"的概念，和夫妻之情的亲密关系的一对 K，他手上是对王炸。那对王炸，是他整个人的心理第一需求，对老妈的愧疚感。没得比。

Vinnie： 这种心理结构无法撬动吗？

Ting： 你即便拼尽全力去博弈，也落后了他老妈几十年的时间。从你的描述来看，无法撬动。往更糟了想，其实他不是不懂——他妈只是他要离开你的借口之一。

Vinnie： 如果他要离开我，这是很好的理由。我们沟通了很多次，目前，对他来说最大的问题是对母亲死亡的恐惧。从你的角度去看，他这种情况也是属于"合理"的范围，是吗？

Ting：就像我说的，婚姻首先是契约。契约有时候非常脆弱。用"我妈都要死了"来解约，再合理不过。

Vinnie："我妈要死了"是恐惧不是事实啊。死亡无常，我不想这样跟他辩论，没有效果。

Ting：亲爱的，"核心家庭最重要"也不是事实，只是一个美好的愿景，倒退100年，持这种观念会被人打死。它是保护婚姻契约的一个副产品，可以拿来使用，但不是真理。你要是笃信这个真理，那才真的麻烦了。

Vinnie：从系统的角度去看，我的家庭是不完整的，丈夫和父亲都缺席，所以我一直都希望有方法去调整。

Ting：这些都是"概念"，是你被灌输的"正确概念"。但一个具体的人和家庭，很可能就是不符合这个概念，而且是无法改变的。你要"调整"他，他为什么不能反过来"调整"你呢？人是非常容易自洽的，如果你足够吸引他，他就会搬出"核心家庭最重要"这个概念来说服他妈的。

Vinnie：那您有什么建议给到我吗？

Ting：具体行为上的建议没有，因为信息不够完整，做判断就是不负责。观念上的建议倒是有，希望你能抛弃一些正确的"概念"或者"观念"，退后一步。"核心家庭最重要"这种观念，看起来正确但有时候却是毒药——亲密关系是两个人的磁场引力，不够强就是不够强，概念或观念再正确也无法影响磁场。

Vinnie：之前说好他妈搬到我们家隔壁住，但是现在他们又提出搬进我们家里住，否则就不来往。就这个事情，我也不知道该怎么处理。

Ting：我个人觉得，那就是"植入肿瘤"。

Vinnie：怎么说？

Ting：沙子入体变成珍珠，但对河蚌来说，那是很痛的！我个人特别讨厌看那种"经过了磨合和沟通，婆媳相敬如宾"的故事，故事的核心大体都是——和谐是珍珠，不管当事人痛不痛。

Vinnie：是啊。处理得好不好，还得看具体的人。

Ting：我个人建议，守住最后的底线——夫妻共有的决定权。放弃观念入侵——核心家庭比原生家庭重要。别让他妈控制住你的家，但你的观念也别强加给你老公，这是防御战，不是反击战。大部分人天然都不愿意靠近胁迫者。如果他妈胁迫他，而你没有，他在内心里更愿意接纳你。

Vinnie：那我要怎么做呢，随他去？

Ting：以退为进。当你站在更高维度上看，就会看到更高明的"说服"，是不战而屈人之兵。你不需要告诉他何为正确，而是增强自身的影响力。举个例子吧。叶挺的孙女叫叶延红，是位非常有智慧的老太太。有一天，我陪一个女性朋友拜访她。朋友老公生意做得很大但到处是坑，朋友无比焦虑，经常要帮老公出谋划策。老公开始还听，后来就很不耐烦，经常用生意忙作借口不回家。叶老太太听了朋友说的，哈哈大笑，说："你根本不懂男人啊！有谁回家喜欢看到一张焦虑的臭脸？有谁坐飞机前，喜欢听到"有可能掉下来啊"的预言？你老公每天回家，看到你板着脸训他，说他生意会失败、朋友不可靠，再正确他也不要听啊！他肯定会去那些认可他奉承他的人那里啊！"朋友问该怎么办？叶老太太说两手准备。一是自己好好存钱，以备不时之需，在危难真的来临时有一搏之力。二是狠命夸他，让这个家成为他爱回来的地方。除此之外，别无他法。

Vinnie：懂了。

Ting：智慧不是聪明，智慧是因势利导，站在一个更高的维度看问题，而聪明则是抱着一个正确的"概念"试图改变别人。

Vinnie：诸如系统排列的序位这一类的"概念"都要放下？没有应该不应该，是吗？我就特别不能理解为什么母亲不能祝福儿子？还要以死相逼。

Ting：为何不能理解？你的一只手要离开你的身体，你会不去阻止吗？有些母亲一直把孩子视为自己的一个器官，因为她无法脱离共生关系的母婴感受，这个不难理解。

Vinnie：请教一下，如何在问题面前提高维度思考问题呢？这个思考模式是什么样的？

Ting：今天的话题你若能理解并践行，就已经站高了一个维度。

本案要点

我稍微解释一下"概念正确"和"提高一个维度"这两个概念。

首先是针对案主的特性做出的特定分析，不代表所有人都不需要"概念正确"。接触过心理学的人容易掉进"概念正确"的陷阱。比如，"核心家庭最重要"这样的概念听起来非常有道理，但经不起推敲，因为你看不到它背后隐含的结构条件。这个观念是从西方传过来的，它是民主和契约精神的副产品，不是基于东方伦理基础而产生的。如果看不到这一点就很难理解它的根系，所以当你要拿这个观念跟一个伦理思想非常严重的人博弈时，就相当于对方是个重炮，而你手上是一把击剑。这位案主犯的一个基本错误，就是劝说对方放下重武器，并假定了——我们都用轻剑才是符合文明礼貌的。这就是概念正确的陷阱。而所谓"提高一个维度"，即案主意识到自己的要求在击剑比赛上是"合理的"，但在生死博弈中是不合理的，能认识到这一点，才能退后一步。

没有人是纯东方或纯西方的，关键是区分开什么时候是友谊赛，什么时候是以命相搏。

原生家庭的关系界限

父亲干涉我的生活习惯——分清权和利

做梦：每次我爸说一些指责我的话时，扔完炸弹然后就跑开，不管我说什么他都否认，他不愿意吵架反而是我咄咄逼人地讲我的理由。

Ting：麻烦说个具体的情况。比如，因为什么，他指责你什么，然后怎样？

做梦：比如说，我买东西，他指责我浪费，买了就丢掉。

Ting：用你自己的钱？

做梦：是的，在我的概念里只是丢弃了不合适的，不算浪费。

Ting：你住家里？

做梦：是的，我现在刚刚毕业。

Ting：你赚钱了以后，打算交多少给家里？

做梦：这个问题还没考虑过。

Ting：为什么不考虑？你对家没有回馈的责任和义务吗？

做梦：我赚的钱不多。

Ting：这不是重点，钱再少，你的父母也在分担原本应该你自己负担的房租水电。

做梦：可以说现在的钱还没有和父母分开。

Ting：你是否有一定比例的收入用于回馈父母，这是个经济问题——你吃着喝着住着人家的，却想要独立的判断权，可能吗？权利和义务是捆绑在一起的，你占着人家的物质便宜，却想把义务分离出来？

做梦：那让我默默承受他的指责？

Ting：他指责你的其实是对物质（财务）的处理，原则上来说，他同样拥有那物质的一部分——因为你侵占了他的房产和资源。你除非经济独立，否则就要承受"物质共有者"对你的评判。就像房产证上有两个人的名字时，你就不能随便买卖。这是基本原理。至于他态度好不好，那是另一个命题。我们先说理性层面的经济问题。

做梦：就是说我在经济独立之前必须要听从他们的？

Ting：你是否意识到了你混淆了权利和义务之间的必然关联？这是第一步要分清的。你不是要听从他们，而是分得清在你经济独立之前，他们跟你共有物质利益。

做梦：嗯，就是说权利是在此基础上的？

Ting：对，权利和义务是一枚硬币的两面，密不可分。如果你吃住在家，你买的任何东西里都有一部分你父母的钱在里面，只是隐性的而已。即便你真的做到了完全自给自足，你也有回馈父母的责任（一部分收入用于孝敬）。所以我们弄清第一步，你要扔一个东西，你爸有权发表"扔或不扔"的意见。但他无权借此指责你。如果你清楚了第一步，我们才能够谈到他越界的问题。他有处理物质归属的权利，但没有评价你的为人的权利。

做梦：嗯，我现在清楚了我的现状。

Ting：要探讨第二步，一定是在第一步的基础上。每个家庭的情况各不相同，不能一概而论，但还是有基本原则在。比如，父母责备你是对你缺乏长远规划的担忧。你要跟父亲探讨的，是你能在多大程度上做主你的收入。比如，你现在收入 4000 元，听你的父亲的建议，他希望你存多少，自由支配多少，划清界限。你自由支配的部分，请他不要指手画脚。你对经济的规划是你争取自主权力的开始。

做梦：先分清你的我的，画出一个界限？

Ting：嗯，界限具体怎么画，要你具体去谈，但划界线本身的意义，就是画出"你不能再干涉我"的自由区域。在这个区域里，他所有的指责都是要坚决抵抗的，不要说上升到人格，就连扔不扔东西也不归他管。

做梦：明白。

Ting：直到你经济独立，这个自由区域越来越大。但自由区域需要他先定，哪怕拿去一半也是值得的，附加条件就是"我的地盘你不许过来"。附加地位语言可以是"爸，你也希望我成为一个独立自主的人，请帮助我完成这个目标"。你可以去试试，有问题及时反馈。

做梦：行，可能周期会比较长。那么不属于物质方面的呢？

Ting：你可以再举个例子。

做梦：比如，我做一件事的时候他总挑刺，用批评的语气说我，等我跟他理论的时候他就退避。

Ting：原生家庭的问题极为复杂，不是一时能够解决的。但有个大原则是——你越大，父母越小。这个大不但指年龄也指阅历和胸襟。当你足够大的时候，他们能占领的区域就小了。

本案要点

孩子们似乎总在嫌弃父母管得太宽，却习惯性地忘记自己在占父母的便宜——人格的独立，一定是跟经济独立互为因果。所谓成长，是一点一点建立起自我城池的过程，父母是否要在城池之中，是你自己的选择。

怎么面对父亲带来的负面情绪——拓宽领土

依宝：我在充斥着暴力的家庭环境中长大，从小生活在恐惧焦虑中，现在也是。我爸老了，但因为他把家搞得鸡犬不宁，现在没人理他。家人不是把他的号码设置了黑名单，就是不接他电话，只有我会接他电话。他不但打我妈，而且什么恶毒话都骂。他喝酒闹事，一喝酒就摔伤，我哥他们也都不理他。他不管找谁都打电话叫我，管我要人，而且什么事都推到我身上。我心疼他又很烦他，我都觉得自己都快得精神分裂症了。我真不知道怎么办了，有时候我会想，怎么生活是他自己选的，他把自己作践得人不人鬼不鬼的，却把所有责任都推到我妈身上。我没办法改变这些，可是我真的好难受，心里很纠结。我没办法对他释怀，可我还是希望他能过得好一点。可能因为这个我很悲观，什么事都会往坏处想。我很不喜欢这样的自己。

Ting：你想解决的问题是他老找你，还是你不喜欢自己？

依宝：不喜欢老往坏处想的自己。

Ting：你从什么意识到自己是这样的。

依宝：很小的时候。

Ting：从那个时候到现在，你都做了什么来改变这个状况？

依宝：我怕自己往好处想，却有坏事情出现。

Ting：所以，你一直不愿意想好事？

依宝：想改变，但一直改变不了。

Ting：你做过什么？

依宝：也会想好事，但第一感觉是坏事。

Ting：嗯，那么现在，请你想象一件特别好的事，会是什么？

依宝：女儿很乖。

Ting：现在她不乖？

依宝：也乖。

Ting：你对这件好事是满意的？

依宝：心情好的时候满意。

Ting：所以即便女儿一直很乖，乖也不是令你满意的原因，而要看你的心情？

依宝：不是，是我很容易受我父母的影响。

Ting：那展开说说——女儿乖的时候，你也会不满意，为什么？仅就你和你女儿之间。

依宝：他们只要打电话给我说不好的事情，我就会把情绪转移到女儿身上。

Ting：在这种时候，女儿能有什么办法让你满意吗？

依宝：对女儿不爱吃饭很不满意。

Ting：我只是说，女儿在乖的情况下，你还不满意的时候，女儿怎么办才好？

依宝：没有想过呢。

Ting：你女儿站的地方，你也站过——你无论做什么，你爸妈都不会开心。你站在她那里看看你自己——你跟你爸爸是不是很像？

依宝：是的。

Ting：那么，你要把你爸对你做的，在女儿身上再做一遍吗？

依宝：就是不想这样，我想当一个好妈妈，让她不要像我。

Ting："好妈妈"的好在哪里？

依宝：我和先生相处很好。

Ting：她如果无论做什么都不能让你开心，她以后会不想接你的电话啊。

依宝：那我对我爸该怎么办？

Ting：你所说的"好"，真的是对女儿好？连我这么简单直接的问题你都要绕开。

依宝：我要怎么做才能是好妈妈？

Ting：你觉得呢？你女儿如何才能影响到你的心情？除了乖，她要做什么？她能做什么？

依宝：她什么都不要做，什么都不需要做。

Ting：她继续乖，你呢？你看着她的时候，在想别的人、别的事，她怎样才能用自己打动你？

依宝：你是问，我女儿如何才能影响到我心情？

Ting：是的。这是你们母女之间的"关系"，真正的关系，彼此影响的关系。当你哭丧着脸，净想着坏事的时候，你女儿做什么才能让你笑起来。

依宝：女儿做什么都可以影响到我心情啊。

Ting：你仔细看我说的话，笑起来。

依宝：我想想。她说妈妈你开心点，我会笑。

Ting：是真的笑，还是应付她。

依宝：她说妈妈我多吃点饭，我会开心。

Ting：嗯，因为你关心她的健康。她在讨好你吗，还是她真的那么爱吃饭？

依宝：她学习好得奖的时候，她得到很多荣誉的时候我会开心。她不爱吃饭。

Ting：她会为你努力，讨好你，希望你开心，你看得到吗？

依宝：看得到，有时候也是我想让她那样。

Ting：她什么也不做，不努力的时候，你开心吗？

依宝：会的，她做她自己喜欢的事，我就静静地看着她，我也会开心，觉得自己的女儿很棒。

Ting：嗯，她知道吗？她知道什么都不做妈妈也为她开心吗？

依宝：和她说过这样的话。

Ting：非常棒。她是你快乐的支点吗？

依宝：她现在的确让我很骄傲。她比我小时候要优秀，但我还是希望她能更好。

Ting：好的，我们再回到那个情境中——你正在跟女儿愉快玩耍，这时候父亲来了电话，你陷入了坏情绪，然后，女儿抬起头看着你，你会怎样？是跟着父亲带来的坏情绪走，还是留在跟女儿玩耍的快乐里？

依宝：大部分时间会留在坏情绪里。我尝试过很多次，让自己开心起来，但还是会受影响一天到半天。

Ting：如果意识到你的坏情绪对女儿"不好"，你还会坚持往坏情绪走吗？

依宝：不会。但是忍不住。

Ting：是，我理解。但我想让你看清这一点。你不需要马上改变，但你得意识到，你的坏情绪伤害了女儿，她很无助，不知道该怎么办，跟你当年一样。这时候你能为她做点什么？

依宝：我最不想的就是这样。我得对着女儿开心，我要为女儿变得坚强。

Ting：你可以先试着控制一下坏情绪，记得，是为女儿做。当你跟女儿相处的时候，你控制自己的坏情绪，因为你女儿在情绪里。你要像保护干净的水一样保护她。

依宝：曾经我婆婆在女儿面前说我父母的坏话，说外公是酒鬼打外婆。我对女儿说，无论外公外婆怎么样我都爱他们，他们怎么过日子是他们自己的选择。

Ting：这是论理，但你现在要做的事非常简单，就是保护女儿。

依宝：好的，在女儿面前我得控制我的坏情绪。

Ting：先有这个意识，然后一点点来。保护你女儿，就是在修复过去的你，在保护多年前的你自己。

本案要点

　　这个案例不适合过度解析。如果不能体会孩子的立场，理论没有用。不让坏情绪蔓延，就是在保护孩子。

　　我很希望父母和子女能够建立起真正的"互动的关系"——妈妈影响女儿，女儿可以影响妈妈。女儿的可怜，是她只知道"出色"可以影响妈妈的心情，但有一个区域她进不去，比如外公来电话。这就是被动影响，不是互动影响。案主不是思辨型的人，所以最后的落点是在简单可操作的行为上。很多原生家庭的问题，不能被解决，只能被接纳。

　　然而接纳并不是默默承受，接纳是拓宽领土。意思是，当你局限在"我爹妈可以影响我的情绪"这种默认值里时，在你的世界里，原生家庭的比重就比较大。但如果你有个愉快的核心家庭，又热爱工作，每天不停地提升自己，原生家庭对你的影响力就会越来越小。这就是拓宽领土。拓宽领土不是转移注意力，而是那个地方还在，只是没那么重要了。

爸爸要我帮忙——看见对方

阿诺：与家人通话，爸爸末了让我给表弟打电话教育一下他。我表明不愿意做这个事情，因为我近期也处在一个不好的状态里。我爸爸就很愤怒地挂了电话。我特别生气、特别伤心，一个电话打过去对我爸大声说："我最近没有余力管别人，你凭什么挂我电话？"挂了电话后仍委屈得不行。

Ting：你委屈的点能展开讲讲吗？

阿诺：我想知道，是什么让我这么难受，每次一拒绝很亲密的人就会好难过好难过。

Ting：你跟爸爸的关系，能大致描述一下吗？

阿诺：嗯，略微复杂。爸爸是生父，在我3岁时重男轻女的奶奶把我送给养父母家。养母是生母的姐姐。我在养父母家度过了极其幸福的童年，养父给了我更好的爱，可我12岁时，养父车祸去世，养母迫于经济压力把我还给亲生父母。不过直至现在，因为两个家庭住得很近所以一直相互走动。对养父，我特别特别特别爱他，但对于生父，有时候会嫌弃。

Ting：生父对你的感情如何？有隔阂吗？

阿诺：生父对我很好，很包容我，支持我做我喜欢的事。每次通话都是，你开心就好。

Ting：这次强迫你去打电话，是特殊情况？

阿诺：很特殊的一次。

Ting：他跟表弟怎么了？

阿诺：表弟是姑姑的儿子，他被同事欺负了。爸爸希望我教育一下表弟。可是我不喜欢表弟这么大了还让大家操心，更不喜欢姑姑总是把表弟当小孩，更讨厌爸爸明明连自己都顾不好却还要去管别人。

Ting：你爸平时在生活里，是很强势、很有能力的人，还是比较软弱的？

阿诺：据养父说，他年轻的时候非常优秀，靠自己买了房子。30岁之后做生意被兄弟欺骗，就消沉了，在我眼里，生父比较胆小懦弱，但是极其孝顺。

Ting：你呢？在家人眼中，是能干的吗？

阿诺：嗯，我从小学二年级就很独立。学习方面让两家的爸爸妈妈都省心。两年前毕业创业开了一家青年旅馆，也经营得很好。因为一直想做瑜伽老师，一个月前把青旅转让了。整体上说，我是让爸爸妈妈认可的孩子。

Ting：好的，我来扮演你爸爸，我尽可能地还原他的想法跟你对话。这可能是你真实的父亲，也可能是我代入的爸爸，不妨一试。你有什么要跟我说的。

阿诺：爸爸，我不喜欢你总是说了不做，也不喜欢你总是以照顾奶奶的名义陪在奶奶身边，把所有重担压在妈妈身上。

Ting：你大了，能干了，也有自己的主意，但不要评价爸爸，这让我觉得压力很大。

阿诺：对不起，我是不该评价你。唉，怎么办，我不喜欢你，我觉得养父更像我爸爸了，我也知道你很好，可我有爸爸了，虽然他去世了。

Ting：因为你那么能干，我也想借助你的力量去帮帮表弟，我还有点私心，你毕竟是我的女儿，你能干也是让我骄傲的一部分……但是你就这么拒绝我，我也很难受。我就这么偶尔用你一次，还指使不动你。

阿诺：拒绝你是因为我那会儿心情真的很糟糕呀，而且，我能干怎么能是你的一部分呢？

Ting：你是我女儿啊，你为什么不帮我呢？

阿诺：你是我爸爸呀，你为什么当初不养我呢？

Ting：你童年不是很幸福吗？你不是也很爱姨父吗？

阿诺：所以我该感激你，是吗？你们先不要我的，我爸爸出车祸也抛弃我了，我妈妈因为经济原因又抛弃我了，我也特别特别想在一个家庭里好好长大呀。

Ting：你是怨恨我吗？现在你翅膀硬了，就要报复我了？

阿诺：嗯，我怨你、恨你，我现在可以靠自己生活了，我不报复你，我也不会抛弃你，可我没有办法很爱你。

Ting：我没有要你很爱我，我知道自己不配，但是，你连帮我个忙都不肯，我平时没有要求过你什么呢。

阿诺：哦，好，你真的这么介意的话，那我给表弟打个电话。

Ting：算了，我以后不会求你了，我知道你怎么想的，算了。

阿诺：你为什么要这么讲话？

Ting：谁说血浓于水的？还是养不熟啊！

阿诺：爸爸真的不可以这么讲话的。

Ting：行，行，你嗓门大，你有主意，我不说了还不行吗？！

阿诺：你的生日还有父亲节我都送你礼物了呀，每个月我虽然赚的不是很多，可也给你汇钱了呀。

Ting：我不是说了吗，我对不起你！你厉害！你能干！我没用，我痴心妄想要你帮忙，总行了吧？哪儿那么多废话！

阿诺：你凭什么凶我？

Ting：以后不求你不就好了！还教育起我来了。

阿诺：你凭什么凶我？

Ting：现在停一下。觉得心里难过吗？

阿诺：特别特别委屈。

Ting：我激发了你的委屈。

阿诺：喉咙堵得不行。

Ting：说说看，你委屈在哪里。

阿诺：爸爸凶我，还说我养不熟。

Ting：你觉得他就是这么想的吗？

阿诺：我知道他不是，可是我得缓一下才能知道他是不是这样想的。

Ting：他没有我表现得这么极端，但可能有一点点像，对吗？

阿诺：嗯，对，有一点点。

Ting：这一点点，就足够委屈你了。这些只是冰山一角。你想要他怎样？

阿诺：我不要他管我。

Ting：我说说我刚才代入时的感受。

阿诺：嗯，好。

Ting：可能不是真相，仅供你参考一下。作为爸爸，我没有尽到应尽的责任，我很愧疚。尤其是女儿这么能干，我时时刻刻都能感受到这种愧疚感。但我不愿意承认和示弱，因为我毕竟是父亲。所以我有时候要表达一种"亲"，就是不拿女儿当外人，这次我要她打电话给她表弟，就是以为我能指使得动她，但她一点面子也没给我。她跟我就是不亲，她在说理——她不愿意，和为什么不愿意。但如果她真的愿意跟我亲，不愿意也会去做。我很恼火，我指使不动自己的女儿，还反过来被她说，更不喜欢她扯出小时候的事。我不想面对我的愧疚，只好粗暴地推开她。而且，我觉得自己很没面子，她姑姑知道我女儿能干，求到我了，我以为自己能指使得动她……我怎么跟她姑姑说呢。女儿不替我着想，算了，算了，谁让我小时候没养过她，这个债还不上了。嗯，这就是我刚才的感受。

阿诺：爸爸是这么想的吗？可是妈妈小时候也没来到我的世界，当我回到原生家庭时，她一直想进来，我就放她进来了。而爸爸，即使我回到了原生家庭，他也没有表示想进入我的世界。

Ting：我也不知道该怎么填那个坑，女儿，你就放过我吧。我没本事，我不知道该怎么办。爸爸没有想把你当成工具，我只当这是我跟你不见外的表现啊。

阿诺：谢谢你告诉我这些。没关系，没关系。

Ting：对不起。

阿诺：是我的原因。

Ting：我对不起你，请原谅我，再给我个机会。

阿诺：嗯，我接受。

Ting：谢谢女儿。

阿诺：谢谢你，带我来到这个世界。

Ting：还有什么要说的吗？

阿诺：谢谢 Ting。如果父亲不知道如何表达爱，却想和女儿建立关系，女儿能做什么？

Ting：答案是，先看到，不着急做什么，无论是接纳还是其他选择。

本案要点

学习看到，然后根据自己的秉性做出选择。每个人的秉性不同，选择也就不同，但前提都是先看到。限制你的东西也可以保护你，同样，保护你的东西也会成为限制你的东西。打破——重建——打破——重建，成长的过程就是这样。

看不惯姐姐养育孩子的方式——价值重心

Zy：姐姐不愿意陪外甥玩，即使陪着也心不在焉，总是不能专心投入地和孩子玩。每当这个时候，我就特别生气，心想，你看不到孩子需要你陪吗？你知道这样孩子会伤心吗？你既然不想关心他，为什么要生他？但是我不知道自己到底在愤怒什么，是愤怒姐姐的做法不符合我心中的养育方式，并且我怎么说她也不听，还是把她当成只管生不管养的父母形象符号？

Ting：你平时是个很有耐心的人吗？

Zy：算不上是，但是我对外甥付诸了极大的耐心，以至于同事说我是"中国好小姨"。

Ting：为什么会对这个孩子付出了这么大耐心呢？

Zy：最开始肯定是因为喜欢啊，软软小小的，多可爱，后来接触了很多育儿理念，我认可的是无条件养育那套，然后我看到我姐不回应孩子，就觉得孩子很可怜，想付诸更大的耐心补偿他。

Ting：你在补偿你姐姐的缺漏？

Zy：对，我希望能尽可能地补偿，虽然我知道我永远代替不了妈妈的位置。

Ting：好的，我们不妨先换个视角看看。你在跟孩子相处的过程里，最经常感觉到的是快乐还是无趣，或是不耐烦？

Zy：我想一下，稍等。其实说不上太明显的感觉，因为平常也没有什么事能让我特别开心，陪孩子的时候我清楚地知道我在陪他玩，他开心就好，我配合他，如果时间太长了，比如一整天我只是陪着他，没能做其他事，我会觉得有些烦躁。

Ting：听起来好像更多的是责任和义务？

Zy：我感觉是的，因为如果我姐带孩子出去玩，我会有轻松的感觉。

Ting：你是北方人？

Zy：是的。

Ting：能描述一下你所处的城市和基本环境吗？

Zy：指我生长的城市，还是目前生活的城市？

Ting：目前。

Zy：我目前在天津，我觉得这个城市就是很安逸啊，民众都是一种小富即安的状态。

Ting：你在这个城市做什么？

Zy：普通打工者啊。

Ting：以前是哪里的？

Zy：河北，我能说一下我的背景吗？关于我的原生家庭，关于我为什么来天津。

Ting：好啊。

Zy：来天津似乎是注定的事情，我父母都是土生土长的天津人，因为历史原因两个人去了河北，但是祖父母、七大姑、八大舅这样的亲戚都在天津。从小所有亲戚都跟我说你要考回天津来，所以我从小的目标就是考到天津的大学。

Ting：你家里有几个孩子？就是姐姐和你？

Zy：对，只有我们俩。我考到天津后，我姐和我在外面租房子住，毕业后就买了房，还是我们俩住。

Ting：房子是一起买的吗？

Zy：毕业时的房子是一起的，但在我的名下，后来天津积分落户，我就把房子过到我姐名下。原来那套房房贷后来一直是我在还，我姐说房子还是我的，她一家三口就在外面租房。

Ting：哦，经济上是清楚的。大致了解一下你的背景状况，有助于我理解你身处的位置。你自己的感情生活呢，有着落吗？

Zy：没有，单身。

Ting：所以你的生活重心是什么？

Zy：我再提供一个背景，也许在地图上有一个标的。

Ting：好。

Zy：我姐姐天生有一点小残疾，目前不影响她生活，但是小时候绝对是她挺大的阴影，我妈一直觉得对不起她，天生的嘛。我十几岁的时候，我妈对我说，当年她生我的时候已经开始计划生育了，但她一定要再生，不能在她百年之后让我姐一个人，没人照顾她。

Ting：明白，你天然就有照顾姐姐的义务。现在照顾她的孩子，也算是照顾她的一部分。但这个义务，你是被灌输的，还是心甘情愿的呢？

Zy：我感觉是被灌输的，现在越来越有不甘心的感觉——凭什么？我感觉我生活没重心，努力考证，但考过了就没目标了，接着考其他证，但又沉不下心学。

Ting：你这辈子是姐姐的照顾者——她的附属品，有这个感觉吗？

Zy：有，近几年开始有了这个感觉。

Ting：当你的个人价值没有重心和落点，你能看到的就只是自己的生命被姐姐和她的孩子占据了，她成为你生活中天然的重心。这个天然重心和你向往的自我价值是有落差的。

Zy：我向往的自我价值？我现在感觉不到我有什么目标，很迷茫。

Ting：如果你有了自己的孩子呢？他是不是就成为你新的重心？你就可以心安理得地不管姐姐的孩子。

Zy：这就是另外一个问题了，我感觉我抗拒建立亲密关系。

Ting：明白。我们先讨论清楚价值和重心这个命题。

Zy：好。

Ting：你目前没有新的个人价值重心，所以不得不徘徊于别人塞给你的重心，这个能明白吗？

Zy：能，没有自己的目标，只能干别人让我干的。

Ting：首先，你的生活需要一个重心来体现你的价值，但你自己没有能力找到

（无论是孩子，还是爱好），所以你徘徊于别人塞给你的天然重心——如果你无所事事地闲逛，自己也承受不住来自愧疚感的压力。陪伴孩子时不耐烦，但因为没有别的重心让你转移，所以只能忍耐。这个忍耐，最简单的出口就是斥责姐姐不负责任——归责于他人。但责任是你自己的——你找不到新的重心。

Zy：是的，如果孩子让我陪他我不去，我确实有愧疚感。

Ting：所以我举例说，如果你有自己的孩子，你就可以抵消这个愧疚感——我自己的孩子还没照顾过来呢。这是天然重心的自然转移，虽然不是有意识的，但很有效。然而后天重心比如喜欢绘画，对"愧疚感"的抵消就没那么有效了，因为你的原始价值观里，还是亲情为上。外甥一闹，你的绘画爱好就没那么重要了。

Zy：对，我现在会对外甥说，我要去学什么什么所以我不能陪你，但是我自己都觉得虚，凭什么你要学什么就不能陪孩子啊，没有那么理所应当。

Ting：是的，一切在于你的价值观基础结构，默认了亲情至上。所以，你也只能靠自己要个孩子，然后在亲情里重新排序——自己的孩子天然第一。

Zy：那天然重心除了我自己的孩子还有什么呢？天然重心和后天重心的区别是什么呢？我和我父母不亲，我很少主动给他们打电话。这也算亲情至上？

Ting：天然重心是你的环境，你父母的价值观养成——他们默认了人要为家庭而活，要彼此照顾。后天的重心是指个人追求，比如艺术、事业、理想等等。后天重心更个体，天然重心更家庭。所谓至上，分日常排序和意外排序。日常你不联络，因为是以你的个体感受为准的，你不喜欢。但一旦父母出现身体问题，要你卖个房子，你可能会毫不犹豫。

Zy：那我抗拒亲密关系、没有亲密关系、没有孩子，我的新的天然重心岂不是无解？

Ting：是的，如果你找不到新的重心，就会困在原有的重心里动弹不得。

Zy：感觉前途黑暗。

Ting：也有人坐地为牢，享受黑暗的快乐。比如，说服自己，真的爱外甥，爱姐姐，爱家庭，然后不断抱怨"我这辈子都是为了你们"，成为一个唠叨的老姑婆。如果你找不到新的重心，你的未来很大概率就是这样。

Zy：那么唯一的路就是克服自我抗拒，找到新的重心？

Ting：你可以转移天然重心——找到亲密关系，生自己的孩子。你也可以创建自我重心，找到自己的价值落点和爱好。当然还可以停留在现在的重心里，一步步消耗。你至少有三个选择呀，前途何其光明。

Zy：后天重心真的不能在某种条件下超过天然重心吗？创建自己重心怎么讲？

Ting：创业、创作、喜欢普拉提胜过一切……这还用我说吗？找一个自己的爱好，占据自己绝大部分精力和时间，这难道很难吗？

Zy：这是后天重心啊，你刚才不是说不能超过天然重心？

Ting：对你来说，很难。因为外甥一哭，你就放弃普拉提了。对别人来说，可能容易得很，姐姐的孩子哭关我什么事。这仅仅是对你很难，你也可以从小处做起，也可以停留在"外甥一哭我就去"，看你自己。

Zy：所以，首先我先要重建底层价值观，亲情至上改成自我至上。

Ting：我个人建议，从减少见外甥做起吧，从拒绝姐姐的要求开始……底层价值观什么的，是落在具体行为上的。然后，把这些多出来的时间，尽量放在一个爱好上，看看自己的平衡能力。

Zy：明白，价值观是行为指导，落地的还是要看行为。

Ting：对，一步步来。意识到自己不想成为脾气古怪的老姑婆，时时拿这个提醒自己。做任何选择前，想想这是不是通往老姑婆之路，就好了。

Zy：明白。

Ting：你看过顾长卫导演的《孔雀》吗？

Zy：没有，和我类似吗？

Ting：《孔雀》里的三姐弟，就是类似的情况。父母把大部分的爱给了残疾的哥哥。健康的孩子反而分不到爱。姐弟俩合谋要毒死哥哥。父母识破了他们的计划，但没说破，妈妈当着姐弟的面把药灌给一只鹅，鹅痛苦挣扎之后死了，场面极其惨烈。

Zy：我倒没有想过要害我姐，我只想过"你们为什么要生我啊"。

Ting：电影是不甘于"弱者得到爱"的极致表达。你也秉承了"弱者得到爱"的惯性啊。外甥是弱者，你"无条件"地支持弱者。

Zy：是，我无条件地支持他，替他对抗家长。

Ting：其实，孩子对面的强者，是你自己。如果时间是有价的，你毫不犹豫地放弃了你自己的价值，无条件地倾向于孩子。你做了跟父母一样的选择，而且毫不自知。

Zy：头皮发麻，我还以为我和我父母不一样。

本案要点	我经常会在与一个人的对话里，看到他的过去、现在和未来三个时空并存的状态。生命是有轨迹可循的，如果缺乏觉知力，我们就会按照一个既定的轨道一路滑落，并把它称为"命运"。

不讲理的妈妈——独立和共生

芳芳：我妈煮早饭，把热的高压锅放在地上，我担心孩子的安全，跟她讲不能这样，容易伤到孩子。她就吼着解释是因为厨房太热。

Ting：原因根本不重要，她不允许你讲你的理。

芳芳：然后我很生气，觉得讲理讲不通，决定今后用我是权威来压制，不过目前还没有执行。

Ting：我先说个词，不知道你听说过没有，"异己手综合征"。异己手综合征，意思是你的手不受你自己控制，自己乱动，甚至会掐你的脖子。

芳芳：怎么套用？

Ting：我借这个词，说说母亲的视角。

芳芳：是指她想控制我吗？

Ting：我跟你一样，曾对母亲的行为模式颇为困惑，不知道为什么就是不能沟通。但看了大量书籍之后，大致有一个比较视觉化的、比较贴切的对应——异己手综合征。

芳芳：是啊，她觉得她说出来的都是事实，前天还就房价做了争辩。

Ting：母亲在潜意识里把孩子当成自己的一个器官。孩子是一个异己手，不听使唤。

芳芳：是这样的，然后呢？我怎么找到出口？

Ting：她没有办法用思想来控制你，就只能用语言。比如，你进门，她就说"去洗手"，本来你就是要去的，却被她命令了。她想用不断的语言指令继续对器官的控制。但因为无效所以就会反复说，变成唠叨。

芳芳：我对她冷暴力很久了，所以她没啥机会唠叨。

Ting：是的，冷暴力隔离，是"独立"的一种方式。但架不住对方死缠烂打，以及你自己的愧疚感。

芳芳：是的，我觉得冷暴力很有效，我舒服多了。有一点愧疚，试图沟通又打回原形。

Ting：你的愧疚感也来自你对"共生关系"的某种默认。我们在这个点上深入一下。

芳芳：是啊，我很在乎她的评价，她现在嫌弃我，因为我不工作，她觉得我没价值。

Ting：你不工作，靠谁养活？老公吗？

芳芳：是，不过我自己有房租收入和兼职收入，收入还挺可观的。

Ting：了解，相对独立，但这个独立对老年人来说是非结构型的，她觉得不安全。

芳芳：我辞职一年，但上班十三年了。

Ting：老年人对安全的定义，是在结构中，被结构保护。

芳芳：结构是具体的工作单位？

Ting：结构可以理解为单位，越大的结构体，比如国企，对你妈来说越安全。

芳芳：哈哈，对啊，她唠叨我不去当公务员好几年了。

Ting：你母亲文化程度高吗？

芳芳：还行，高中毕业吧，去大学进修过。

Ting：她有几个孩子？

芳芳：就我一个。

Ting：就你一个？真是难为你了，就像她只有一只手，这只手还不听话。

芳芳：我辞职后学了点心理学上的知识，感觉好多了，以前真是痛苦不堪，还一直觉得自己错了。

Ting：先表达同情。我不能论证什么是对错，我只有自己的态度给你参考。亲情确实复杂。

芳芳：我爸爸早逝，她就更得盯着我了。

Ting：你是她所有生活的中心，但她不是你的。一个人拼尽全力，另一个人再怎么云淡风轻也是徒劳。

芳芳：对啊，我对她冷暴力，她就打我孩子，骂我孩子。我不让她打孩子，她就抽了我几鞭子。

Ting：殃及池鱼啊？

芳芳：冷暴力积攒的愤怒吧，趁机释放一下。

Ting：哪儿来的鞭子，家法吗？

芳芳：不是真的鞭子，是孩子的泡沫剑玩具。

Ting：吓我一跳。

芳芳：还好，没那么严厉的家法。

Ting：你现在的目标是，让妈妈不要侵犯你，还是和谐相处呢？

芳芳：这两个目标相互排斥吗？和谐相处必定要侵犯吗？

Ting：这两个目标是完全不同的。

芳芳：不能兼得？

Ting：第一个目标，是一场独立战争，它的落点是个体的独立性。很多时候，会付出玉石俱焚的代价。第二个目标，是你默认为你跟母亲是共生关系，是内部协调的矛盾。

芳芳：好难选。

Ting：这两者在命题上，走了完全不同的两个方向。想兼得必定左右为难。

芳芳：可以各个目标完成50分吗？我不想共生，但是和谐是不可能的。

Ting：不能。你的困境就在于命题不清晰，掉进了夹缝里。

芳芳：我体恤我妈妈孤苦伶仃，可是我也不愿听她的。

Ting：这两者在生活中的问题很可能交织在一起，但在命题范畴势不两立。

芳芳：没办法马上选，咋办？我想选一，但是我害怕玉石俱焚。

Ting：比如，同样是给一笔钱，第一个目标是"我尽到责任，你在多长时间里不要来进犯我"。第二个目标则是"我用钱来维修共生关系，给亲密关系添砖加瓦"。同一个行为，因为目标不同，落在自己心里的作用力判若云泥。前者用钱修城墙，后者用钱建造娱乐设施。

芳芳：我冷暴力的目的更接近第一个吧。

Ting：貌似是第一种的行为，但你的心里没有目标感，所以摇摆不定。相当于你胡乱建了几处城墙，但墙上到处都是漏洞，她的大队人马过不来，但游击部队可以进入内部。

芳芳：是的，我想兼具您说的第二个目标，但是每次尝试都失败。沟通的时候并没有相谈甚欢，而是不欢而散。

Ting：第二个目标不是不可能，但心中的默认值是"共生"。那是一个漫长持久的驯养过程，一点一滴耗尽心力。之前你是被驯养，但没有驯养回去。驯养是相互的。

芳芳：我驯养我妈？

Ting：对啊。我驯养我妈是从经济上开始的。她的安全感后来就没有成为我们之间的问题。

芳芳：经济上怎么实现呢？我妈也不缺钱，她还要把自己的钱给看门大叔。你是说你选了"共生"，然后驯养你妈吗？

Ting：我们可以细分一下命题的维度。命题不是大一统的，可以分出战场。比如，"安全感"，你母亲的落点在于，她对安全感的观念要凌驾于你。我拿我自己举例。我妈的不安全感非常强烈，总是幻想着我瞎了，她牵着我去要饭。这个幻想极大程度上满足了她的控制欲——最终我会落回到被她全面控制的地步。

芳芳：这个幻想很奇特啊。

Ting：那么，当我的经济能力从完成独立，到完全凌驾于她，再到随手可以满足她的任何物质需求，这一步步都是配合了我的观念"驯养"——你在经济上没有话语权。

芳芳：我在经济上也完全独立，所以才能对她那么硬气。

Ting：当我独立的时候，我修的城墙是——不要管我的事。每次她要干涉，我就坚决打回去。

芳芳：是的，现在我的事情她干涉不了，我也不跟她说。

Ting： 包括了适当的吓唬她——你如果病了，不能动，我会全力照顾你。但你现在如果继续叽叽歪歪，你动不了的时候我会如何如何。这些话仅供参考，不是要你这么做。我们母子有自己的相处之道，大部分时候都是在博弈之中。

芳芳： 她常常放狠话，说我不孝顺，她已经准备好去养老院……这是想让我内疚吧。我妈清高、傲娇，闹矛盾过后就是高冷状态。

Ting： 对啊，每个人的个性不一样。我妈试图激发我愧疚时，我就激发她的恐惧。

芳芳： 这个威胁对她不合适，你狠。

Ting： 我们母子的博弈是步步为营的。你如果要驯养，也得找到对应的关系。我来解释一下，驯养本身不属于任何目标，驯养是一种相处的手段，它可以为任何目标服务。冷暴力城墙，也只是手段。我们首先选择了内心的目标，然后寻找对应的手段来实现。

芳芳： OK，驯养是手段，明白。我没有勇气选"玉石俱焚"，虽然我内心想选这个。我怕未来被愧疚缠身。

Ting： 举例来说，我所有的力都用在完成"自我独立"上。我通过建立城墙，或驯养，或其他任何手段完成了自我独立这个目标。但跟愧疚感的博弈也是我要面对的战争。

芳芳： 还好我知道她很爱自己，不会自杀，我才敢对她这么冷。

Ting： 你的问题在于，命题不明，摇摆不定，而且手段过于单一粗糙。所以出口是，好好想想自己的命题，然后下定决心投入这场旷日持久的战役。

芳芳： 那么，如果我选择脱离，请老师建议一些手段吧。命题是选定目标吗？

Ting： 是的，命题是你内心最根本的目标——要脱离，还是要共生。

芳芳： 脱离！只是还抱着兼得的奢望，今天知道了不能奢望共生。

Ting： 因为现在被烦到，所以很想脱离。但是如果下一秒她脆弱了，或是向你示好，你又要共生。在反复摇摆之间，你就掉入了夹缝。

芳芳：脱离是长期的，我之所以不工作也是在对抗她。

Ting：好的，不管你会不会后悔，我们往方法上走。

芳芳：好的。

Ting：你应该熟悉马斯洛的五层次吧？

芳芳：是的。

Ting：生存、安全感、归属感、尊重、自我实现，这是五个基本战场。在五个战场，都要打响"独立"战。

芳芳：感觉要出兵了。

Ting：一般的落点在"归属感"，也就是家庭中"共生关系"的核心区域，大部分时候是在两端摇摆。遇到的绝大部分问题，都是跟安全感和尊重有关。

芳芳：是的，我就觉得她不尊重我。

Ting：你可以理解为，核心战场在"归属感"，安全感和尊重是附属战场。你的命题落在"归属感"上，就是——我不归属你，你也不要归属我。我们不是"一家人"。听起来残忍，但这是第一步。

芳芳：其实我对马斯洛的理解很局限，只是知道越往上越是偏精神上的需求。我一直说她是来帮忙的，不愿意帮忙就走。我们曾经是一家人。

Ting：你们现在的误差，就是她觉得你跟她是"一家人"，而你觉得不是。她要继续和你成为一家人，而你不是。这就是对归属感的认知不同。然后就会出现她贬低你的安全感（说你没价值），挑衅你的尊严（用观念碾压你）。看得清吗？主战场在是不是一家人的"归属感"上。

芳芳：是的，她现在在后退，但很不情愿。

Ting：说一个最终的结果呈现——如果她在这五个战场上都没有了对抗，你就完成了绝对独立。我也只能说说原理，具体情况需要你慢慢消化对应，这是个无比庞大的话题。

芳芳：她如果没有对抗，恐怕是被迫的。

Ting：是"无力对抗"。这里有三个层次，不想对抗，不敢对抗，无力对抗。和平的背后，大部分时候并不是心甘情愿。不要追求心甘情愿，那个目标太高了。

芳芳：好的，谢谢老师。跟你交流的感受很不一样。

本案要点

在现实中，所有的问题都是同时发生的，很难真的分出先后顺序。但在内心里，如果没有重要性的排序，就会在选择的时候乱了阵脚。命题有助于我们在选择中，不断靠近自己心中所愿。

我并不鼓励一个特定的方向，比如独立或共生，因为这是根据当事人自己实际情况所做的选择，但我可以很肯定地说，绝大部分烦恼都是来自想要"兼得"的贪心。

父母离婚后母亲老是纠缠父亲——落差控制

叮咚：我应该如何调节我老妈的心理状况？我爸出轨，和小三生了孩子，最后净身出户。我妈觉得自己特别委屈，自己明明什么都没有做错，对他、对老人那么好，竟然一点回报都没有，还落到这个境地。她回到家乡的房子住的时候，总是会梦到我爸，醒来就特别难过，每次都哭，有时候还会给他发信息，期期艾艾地埋怨他，又可怜自己和我。她觉得很委屈，心里放不下我爸，又割舍不下现在的生活。我不知道该怎么做才能调节她的心理。

Ting：嗯。我的疑问首先是——你自己过得很开心吗？

叮咚：我在新家和继父一起住，三个人的时候，他说什么我总想反驳，但我妈不在场的话，我对他就没有这种情绪。总归不如和自己爸爸在一起开心。

Ting：如果有个人想要改变你，该从哪里入手？

叮咚：您说哪些方面？

Ting：比如，让你接受继父，让你开心地在新家庭生活。

叮咚：行动——比如，让我觉得在新家很舒服。我现在已经接受了继父，也默许这个新家庭。

Ting：那我们一步步按照"改变你"的方式，看看能不能映射到你妈妈。比如，"行动"要谁来做？他的动力是什么？

叮咚：从行动上，我妈把新家的一切都帮我安排得妥妥当当，让我觉得很方便，我有什么要求她也会尽量满足，比如，去游泳或者去图书馆。

Ting：我是说，你妈妈要怎么做，才能让你跟她一样对爸爸产生怨恨？能理解我的问题吗？

叮咚：我妈总会把我爸的行踪啊、话语啊跟我分享，但我一直都持"我不要看，跟我没关系""好的，我知道了"的态度。她恨他抛弃她，但我觉得还是有爱的成分在；而且她也一直让我不要恨他……

Ting：是我问的方式不对，重新来。

叮咚：关于恨，我觉得很难，我恨不来我爸，因为我觉得很多事情不是一个人的错，我妈身上也有问题。

Ting：你多大了？

叮咚：21。

Ting：还跟妈妈住在一起？没住校吗？

叮咚：现在是暑假，放假在家。如果要让我恨他，可以说他对他现在的孩子老婆有多么多么好，这可能会让我产生嫉妒。

Ting：了解。

叮咚：我在学校的时候，她把这段话发给过我，"昨晚又梦到你，想想你离开那个家后，你就真那么幸福吗？让孩子失去了应有的父爱，给我一个不完整的家！我恨小三"。这是她之前发给爸爸的。

Ting：她为什么发这段话给你？你妈妈自怨自艾，把这种情绪传递给你，是在寻找同盟吗？

叮咚：她觉得我应该跟她统一战线，可以说是想让我产生"共情"吧，也想找个人疏解自己。

Ting：了解。你烦的是"共情"，还是烦她？

叮咚：我烦的是她沉溺于过去。

Ting：嗯，那我们在这里略做拆分。

叮咚：好。

Ting：一，妈妈自怨自艾。二，妈妈用自怨自艾试图让我产生共情，但我不认同。三，妈妈用自怨自艾"共情"我，潜在地希望通过我去影响父亲，建立同盟。可以分成这三个阶梯吗？

叮咚：可以。

Ting：你最烦的是哪个阶梯？

叮咚：从我自己出发，是第三个阶段；从担心她的角度，是第一个阶段。

Ting：你希望从源头解决问题——如果她不自怨自艾了，那么后面两个阶梯也就不存在了，对吗？

叮咚：嗯。

Ting：改变一个人的心理模式，难度这么高的事，你做得到吗？

叮咚：我觉得一直处在两难的境地对她心理状况很不好，她曾有过轻微的焦虑症。

Ting：如果我说，你试图改变她的这个心理期待是不好的，也会让你有轻微的焦虑症呢？你在做跟她一样的事啊。你们都在试图通过改变他人来让自己舒适。

叮咚：好像是……

Ting："内心愧对你"，不过是拉同盟的手段罢了。我不是说你妈妈有心要这么做，下意识里每个人都会试着用各种方式拉同盟，然后逼迫同盟去战斗。

叮咚：我知道的。她确实是希望我跟她一起战斗，但我没有，我一直觉得"无为而治"最好。

Ting：现在的问题，可能不是你要不要改变妈妈，而是你是不是能守住自己的边界。你要守的第一道关，是不用行动去回应妈妈的自怨自艾。第二关，是拒绝被共情。你守得住吗？

叮咚：已经三年多了，我觉得自己一直在严守。

Ting：我看没有。你在试图入侵你妈妈，如同你妈妈入侵你一样。你假定了"放下过往"就是好的，然后要你妈妈就范。

叮咚：嗯……是。

Ting：你怎么知道纠结不是好的？你怎么知道痛苦不会让人更有存在感？我不能替你妈判断什么是好的，但退远一步你会发现，人其实很难承受"没有故事"的生活。

叮咚：可是看着她不停地说梦到他，提到他时流泪，我太难过了。

Ting：我妈最折腾的时候恰恰是生活条件最好的时候。如果现在需要她每天工作 16 小时才能勉强糊口，瞬间治愈各种纠结痛苦。

叮咚：她会把自己的故事不停地讲给不同的人听，以获取同情心。现在她仍然频繁地接触我爸，却得不到很多人的认同，她朋友说她不应该理所当然地以前妻身份去找前夫。

Ting：如果你被查出白血病什么——别怪我乌鸦嘴，你妈立即会投入到更痛苦的战斗中。她和所有上一辈人一样，需要被强烈的事件填充。

叮咚：我懂你的意思。

Ting：我只是想说，不要以为抽掉了她最关心的事，就万事大吉了。你如果没有更强烈的事情给她做，她面对心里的那个空洞更难受。我们先不说情绪好坏，只问一个问题——她心心念念萦绕了几十年的核心，如果被拿掉了，你拿什么同等的东西给她？

叮咚：我没有。但我不想看到她总是哭，这种两难的心理没办法调节吗？

Ting：再退远一步，人有两种——一种人追求有事，另一种人追求无事。追求有事的人，她会用尽一切办法制造强烈的情绪。悲伤比快乐更永久，所以她选择悲伤。

叮咚：所以，其实这是她自己的选择？

Ting：快乐非常短暂，很不靠谱，而且需要很多伪装。但纠结、焦虑、悲痛，这些看起来负面的情绪，则更缠绵悱恻，令人熟悉。快乐像冰激凌，几分钟就吃完了，悲伤却像普洱，可以泡很多壶，喝一下午。你妈妈选择了普洱。我个人觉得，她的选择很不错。

叮咚：……还可以泡普洱请大家一起喝，是吗？

Ting：只是在你还喜欢冰激凌的年纪，不喜欢一起喝普洱茶罢了。

叮咚：那她仍然频繁地以各种缘由找我爸的时候，我就觉得无法理解，明明得不到，这是图什么呢？

Ting：是的，因为得不到，所以才有无限的空间和余地供悲伤盘旋，就像陈年普洱。

叮咚：她还喜欢他。

Ting：她喜欢的不是你爸爸，而是她的青春和执念，你爸爸只是载体。

叮咚："执念"说得很到位……

Ting：执念让人有更强的存在感。你妈妈是个生活哲学家，她追求的不是相亲相爱，也不是世俗甜美，而是更强烈的存在感。所以，浅薄的快乐不适合她，悲伤更适合她。

叮咚：从我的角度想，我希望我爸可以更多地和我在一起，但我又不会特别主动地找他（约吃饭很多时候都是在我妈的催促下），这是什么心理……

Ting：愧疚钓鱼。每个人的原始手法无须培训，都会那么三招两式。

叮咚：明白了。那我就不用管她，是吧？让她继续悲伤地泡普洱。

Ting：你越显得不情不愿，你爸就越愧疚。你也在下意识地挖坑呢。

叮咚：那就"无为而治"吗？

Ting：哈哈，这是反向入侵。还有更高明的，要不要听？

叮咚：听！

Ting：比如你下次跟爸爸见面，装作欢乐无比，尽弃前嫌的样子，让你爸误以为你终于体谅了他，尤其在跟你妈的对比下，他一定向你靠拢……当他贪恋你的体谅，并形成依赖的时候，你再突然悲伤给他看。这就是大坑。坑，是制造落差，而不是一味的悲伤。有欢乐的映衬，悲伤才有深度。

叮咚：可是我见他挺幸福的就很开心，他知道我不像老妈那样地恨他……

Ting：那你表现悲伤了吗？把你割脉的伤口给他看看。

叮咚：我几乎不表现悲伤。

Ting：操纵一个人，需要的是落差，不是一个面相。当然，我只是随便说说，选择怎么做，全在你。

叮咚：所以现在要开始悲伤了吗，让我用红笔在手臂上画两道。

Ting：哈哈哈，我们只说原理，不指导具体行动。

叮咚：好的好的，方法论得自己控制！

Ting：你妈只会泡普洱，也是麻烦。太笨了，想要达到目的只会一种手段……

叮咚：是的！

Ting：她陷落在自己的"笨"里，笨是不能拯救的。所谓的笨，就是不肯真的沉下心来研究战略和战术，只是凭着本能手段，用同一种方式攻击对方。

叮咚：就是只肯拿着一种武器去攻城门，不考虑别的方法和策略。

Ting：你妈妈花了太多精力享受自怨自艾带来的"快感"，并试图通过自怨自艾引发你爸或你的愧疚感。但人性何其复杂，单一情感怎么可能奏效？你爸离开你妈妈，没准也是因为这种"笨"吧。

叮咚：除非她自己明白会有其他的方法，否则我说一万遍"你这样是没用的"都不会有效果。

Ting：是的，对本能型选手，你是没办法讲策略的。她只会用本能来面对这个世界，毫无希望。

叮咚：退一步来讲，如果想要奏效的话，除了引发愧疚外，还有别的方法吗？

Ting：落差。如果你有愧疚，那就一定要有对应愧疚的"纵容"，纵容和愧疚，形成了那个人活动的空间。

叮咚：她的落差怎么制造？突然不理我爸？

Ting：我们纯技术讨论一下。

叮咚：嗯嗯。

Ting：你跟一个人的关系，有一个"关系区域"，空间越大就越自由。比如，男人喜欢一个复杂的女人，为什么是上得厅堂，下得厨房，端庄和放荡为一体？原因就是空间大。人喜欢的不是某个极端，而是两个极端之间的那个"活动区域"。你妈妈占据了一个"愧疚"的极端，另一个极端她看也不看，那么她就是窄的。如果她能占据另一个"极度宽容"的极端，并让你爸看到他的活动空间，就会产生非常强大的吸引力。空间吸引人，而不是极端吸引人，你明白了吗？

本案要点

每个人都像一个"压缩包",在解压缩的过程里,你很可能会看到意想不到的内容。我个人很喜欢这种"意想不到",而且会倾向于打开对方从未设想过的维度,让他看到自己内心隐藏的幽微之念……因为我始终相信,完整比完美更重要,命题比问题更值得探索。

有一个理论很有趣,说最好的父母是 60 分的,因为他们留出了 40 分的空间供你去想象完美的父母模样,而只有这样,你才有机会发展出更完善的自我。

婆婆控制欲太强怎么办——感受存在

小懒猫：我婆婆离异，一手带大两个儿子。她很能干，当地连续五年保险销售冠军。我不知道怎么跟她相处，是只有哄着她这一条路吗？

Ting：有具体事例吗？

小懒猫：我先举个小例子。我婆婆买了《三字经》，跟我说，孩子从小就懂得这些，四岁了该学这些了，让我教他背。可是我不赞同孩子背这些。我当下应该怎么跟她说？随口说好好好，然后回去不教就是了？

Ting：就是她强势地要求你做一些事，而这些事是你不愿意做的？

小懒猫：是。很多很多事她会要求。我一般就是嘴上说好，但心里不认同。我听了会不舒服。我不知道该怎么回她我心里才会舒服。她是长辈，跟别人不一样，我能反抗吗？

Ting：反抗是可以的，但我要先弄清楚你的量级。不建议50公斤级的选手挑战100公斤级的选手。她也许会把全部精力用于与你纠缠，你可以吗？

小懒猫：前段时间她要给孩子买保险，但我们已经买过一份了，她说这份很划算。可是我们两个工资有限，每年光买保险要占不少比例。也许这保险该买，可是她一开口我就很烦，听不下去。

Ting：你对双方实力有个基本预估吗？

小懒猫：她，很能干，很强势，做保险见过很多人。我呢，独生女，我爸妈都很娇惯我，我是小白兔加乖乖女，有时会脾气不好，不是真正的小白兔，也跟人"撕"过，然后争取我该得的。如果我是彻底的小白兔也就好了，乖乖听她的就好了。亲爱的Ting，我想知道，我除了忍，还有别的路吗？或者我给自己设一个原则，例如对她点头微笑不回复。

Ting：也就是说，你的武器库里只有"脾气"一个武器，听起来你要挑战机甲战士。

- 你老公是什么个性？对待你婆婆的基本态度是怎样的？

小懒猫：我这样跟你说，如果不是我婆婆对他过度关心，他会更优秀更能干。目前，婆婆总让我不舒服，我老公是站我这边的。他不解决，但也不会怪我。

Ting：亲爱的小懒猫，如果你想要这种一招鲜吃遍天的"万能招数"，而完全不想认真分析对战，甚至连基本背景都不分析，请恕我做不到。

小懒猫：我婆婆，心是好的。但是，她顶着这帽子，事事强迫别人。

Ting：她顶着"我都是为你好"的帽子吗？

小懒猫：是。我举例子吧。我老公的弟弟去大理买房就是为了躲雾霾，我婆婆多次说我们也该移居。

Ting：你呢？阳奉阴违？

小懒猫：她说雾霾天谁还在老家谁就是傻子。为了保命尽快移居。反反复复这样说。我不愿移居，最起码现在不想走。我婆婆说，我去跟你爸妈谈，让你爸妈也去。这事不能拖。

Ting：你和老公怎么说？

小懒猫：我老公说移居也可以，不走也可以。但我说我不去。

Ting：你不埋怨老公没主意？你老公在你的描述中，好像不能替你遮挡什么。他的意见缺席。

小懒猫：他挡。但是他挡的前提是回家我跟他说了我的意见，他才会挡。我不跟他谈之前，他会点头同意我婆婆的话，我就只有在旁边低头扒饭。

Ting：你对他这个态度有怨言吗？

小懒猫：我生闷气，跟他说我不愿意，他再跟我婆婆说。最后也许事情会因为我不同意改变，但我从未当面跟我婆婆说过我的意见。细说起来，他确实尊重我的意见。

Ting：他没有自己的意见？只是为了照顾你或婆婆的情绪，做一个平衡器？

小懒猫：他一直都是一个平衡器。在哪都是。

Ting：他是否有过自己特有主意根本不管你俩的时候？

小懒猫：没有。他没有不管任何人的时候。一切都是他委屈自己。

Ting：你对他这个态度，是埋怨多，还是喜欢多？

小懒猫：埋怨。

Ting：心疼他吗？

小懒猫：心疼。我能做的就是尊重他，不给他的日常生活添麻烦，自己能做的我都自己来。

Ting：你是不是在假设，如果婆婆不来横加参与，你们可以过得特别好？

小懒猫：我觉得是的。我婆婆每天打无数个电话找他，无数条微信，每条都是六十秒。我每天很少给他打电话，想让他清净。

Ting：你会把关注力逐渐都转移到儿子身上吗？

小懒猫：关注力全部在我儿子身上。我把儿子养得很娇气，他比同龄孩子成熟晚。

Ting：嗯，现在退后一步看看，这个家的结构是怎样的？

小懒猫：我不懂。

Ting：我来引导一下。你放弃了对老公的"改造"了吗？

小懒猫：放弃了，早就放弃了，只想尊重。

Ting：任由婆婆继续控制他？你曾几何时，不是为了自己，而是为了他去挡住婆婆？

小懒猫：想到这些心里很无奈，这不是我能改变的事。

Ting：你保护过他吗？

小懒猫：我为自己多，为他很少。我有点明白了，我没有保护过他。

Ting：你和他是一体的。

小懒猫：可是我想问你，如果他们母子关系确实太亲密到不正常，但他们都觉得舒服的话，是不是该让他们继续这样下去？他们的相处模式已经很久很牢固了。我有义务保护我老公改变他的母子关系吗？

Ting：核心家庭就是你的一部分，哪怕血战到底，我也会保护自己的那部分不被侵犯。但这是我的选择。你有义务保护你自己的一部分。你从未意识到你要"保护"你老公。他是你的一部分，不是他人的。

小懒猫：我都是拱手让给我婆婆——你的儿子，你有需要就拿去。

Ting：是啊，怕就给她。但要知道自己畏惧的是什么。

小懒猫：也许我自认为的深明大义在别人看来是傻蛋的表现。我是真怕我婆婆，我没老公我可以一切靠自己，我婆婆没了她儿子，她……

Ting：畏惧不要紧，只怕自己不自知而已。就好像买了个空调回家，厂家每天到你家蹭空调，因为那是他们制造的……你乐意？

小懒猫：有些人就是很脆弱需要被人照顾和保护，我不知道自己什么时候能成为别人的依靠，而不是总需要被人保护。我大概懂了 Ting 的意思，虽然没有具体方法，但是真的懂了。这个问题困扰我快十年了。他是尊重我的，但是我真的是心疼他。

Ting 心疼他，不是具体要做什么，而是把他的立场代入到你的思维里，从"合体"的角度思考问题。比如，商议一个共同的"底线"，愿意配合他跟婆婆周旋……"共有"是起点，终点是"融合"。所谓保护，不是跳起来搏斗，而是下次你婆婆再唠叨的时候，你多出一份心神来站在老公立场，感受他的处境，你的言行里有他的存在，这就是保护的开始。

小懒猫：还有就是，我现在是不是对我婆婆也有点过激的反应啊，就是烦她烦久了一点耐心也没有，她一说什么我就想反对。她一开口我下意识僵硬地微笑点头。如果是，我控制一下。

Ting：我可以教你一招。她无论说什么，你就只有一句话"你是对的"。一定要说出口，而且别的都不说，能微笑着说最好。

小懒猫：啊？就这一句？

Ting：很管用，不妨一试。只说这一句。

小懒猫：我一般都是点头微笑说好好好，这个跟你那个效果不一样？

Ting：不一样。别的什么都不说，去试试吧。

小懒猫：到底管用在哪里？

Ting：你试了就知道，看着她的眼睛，认真地说出"你是对的"。别的什么也不说。反复说，就会出现神奇的情景。试了才知道，个中滋味，难言其妙。

本案要点

"你是对的"，其实并不是这句话有多奇妙，而是它背后所蕴含的能量很大——当你虚与委蛇地点头微笑时，你还处在对方的可控范围内，但当你看着她的眼睛，无遮无拦地说出"不容置疑"的话时，不管这个话是赞同还是反对，你表达的其实是"自我"。当"自我"浮现，就已经是在发出挑战，即表明对方不再能轻易地控制你了。

有趣的是，"你是对的"这句话本身貌似是在赞同对方，没什么可指责的，所以如果对方率先拉开战局，就不占理了。当然，这句话并不是咒语，真的想翻盘路途还异常遥远，只是我个人很希望小懒猫能真的去试试，也算是万里长征的第一步吧。

为了成长"撕"自己

我总怕别人失望——你并不重要

Candice：我大概有"缺爱"的情结，我的家庭比较"重男轻女"，而我是女孩。由于从小没有得过太多的关注和认同，长大后遇到别人对我正面评价时就会害怕，会用力毁掉那些"美好"的东西。自我价值感低，一边相信努力就能收获，一边却因感觉不配得到而自毁前程。可是我总算是个幸运的人，困难时能遇到贵人相助。我最近有一个去新加坡发展的机会，这是男"闺密"父母第三次诚意邀请我过去，带我投资。他们视我为女儿。我因犹豫接不接受这份恩赐而迟迟不回应。我想"撕"自己，走出自毁前程的剧情。

Ting：你是需要我帮你下决心？

Candice：我希望更多地找到自身原因，因为就算我下决心之后也会毁掉的。

Ting：所以此刻，你是确定新加坡那边的工作是个"好事"，而你如果毁了它，也就连带着把亲如家人的情谊毁掉？

Candice：我能做，但总有阻力存在。有一点点好的苗头的时候就想毁掉它。我很害怕。

Ting：自毁的原因，你应该总结过很多次了吧？听你的说法，好像看过不少书，听过不少课，你有强的总结能力。

Candice：对，之前有这样的经验。

Ting：说说看，你现在对"自毁"的认识，除了缺爱，不配得，还有什么观点？

Candice：也不是，只是这种感觉一直在，亲密关系也是这样。最主要是不配得到的感觉，觉得自身没有对方想得那么好。

Ting：你定义了自己的行为叫"自毁"，对吗？

Candice：是，会放弃或者变得被动。

Ting：嗯，"毁"到底会是什么样？

Candice：我会失去。

Ting：最坏的后果是什么，仅就这件事，你会失去他们？

Candice：对。

Ting：然后你会继续恼恨自己？

Candice：会。

Ting：对所有的亲密关系都这样？对方为什么喜欢你呢？在他们眼中你是什么样的？

Candice：我是被爸妈"共生"的。找男友的时候，也会这样。开始好好的，但之后就刻意"找碴儿"。他们喜欢我性格、人品、修养，而我只是觉得自己一般，受宠若惊。

Ting：你和我在一对一时，对自己的表现有期待吗？怕让我失望吗？

Candice：我害怕被期待。总有一种中了100万彩票而觉得自己值10万，不敢去兑奖的感觉。

Ting：你觉得在你心目中，我是个怎样的人？权威，还是其他？

Candice：我觉得你真诚。权威没有放在那么前面。

Ting：就像男"闺密"父母对你那样？

Candice：是。他们人很好，很照顾我。

Ting：所以，也许我可以代入一下，从我的视角来说说那些对你好的人怎么想。

Candice：我第一反应是我值得吗？

Ting：Candice，你听好了。我对你有善意，但并不是你在我生活中排序很高，你并没有那么重要，但对别人有善意这件事，对我自己是重要的。

Candice：我听了这话，尤其最后一句，很舒服。

Ting：我对你有善意，但你并不是我生活中重要的人，所以我对你好这件事，只是对我自己重要。

Candice：有加强。

Ting：我不敢说你朋友的父母是怎样的人，但将心比心，他们只是我的加强版。

Candice：嗯。

Ting：在我的世界里，你是一个我展现自己"好"的对象。你越做的不那么好，越弱小，我的好才越大。朋友的父母并没有期待一个完美的你，很可能，你的不完美才是他们隐隐期待的。你如果退远一步看，所有亲密的关系，都是互补的。因为有缺口才能容得下他人。

Candice：所以才平衡？

Ting：对啊，我们留出缺点，就是给他人接口呀。

Candice：有点想哭。

Ting：你一直怕的，是自己的缺点被看见，但是反过来，可能正是你的缺点让他们跟你更亲近。

Candice：我从来都不知道有缺点是件好事。

Ting：所以我"心灵鸡汤"一下，不要怕，真正喜欢你的人，会因为缺点而靠近你。

Candice：有点释怀的感觉。

Ting：如果明白这个原理，就不怕暴露了。而且，你并没有那么重要呀。不要把自己想得太重要。你对自己重要就好。

本案要点

"撕"自己是最艰难、最漫长的一条道路，因为我们与外部的社会关系总有"分离"的时刻，但与自己的相处却是随时随地的，如果你不能认同自己，情况会比不能认同他人更加严峻。

"不配得"的感受，几乎是所有敏感者的共同心魔，但心理学中有个词汇叫"反向形成"，即表象的背后，往往是由相反的力量所构成。就像在本案中，案主"不配得"的感受，很可能是来自觉得自己过于重要，以至于难以承受由此带来的巨大压力。

"反向形成"是非常微妙的心理均衡器——每当我们觉得某处用力过猛，不妨在它的反向去寻找源头。

怎么控制自己的情绪——愤怒武器

Patty：想请教一下，为啥越"撕"会越生气。遇到事，心里会不舒服，然后自我安慰一下，想着过去就算了，慢慢也就平复了。可是，经过这两次"撕"，感觉越"撕"负面情绪越大。症状表现为气得发抖、脸部肌肉僵硬。

Ting：平复是你唯一的目标吗？

Patty：有时候，"撕"是为了解决实际问题。

Ting：你不如反着试试看，给自己计时，看看持续的生气最长能多久。

Patty：持续时间倒是不长。

Ting：我是说，可以把"持续保持愤怒"当作你的目标，看看能保持多久，不要把目标默认为平复。你假设了平复是好的，但如果愤怒是好的呢，你要如何持续保持愤怒？

Patty：可是有时候被人攻击后，上去"撕"，只是为了不让自己郁结，可越"撕"越生气，所以我在想，这种情况有没有"撕"的必要性。

Ting：你完全没有在听我说吗？

Patty：愤怒是好的？可是，气得发抖的体验很不好。

Ting：你看电影吗？

Patty：当然看。

Ting：当你跟着电影情节或喜或怒，或欢笑或流泪的时候，觉得好吗？

Patty：没有觉得不好，自然流露。

Ting：那个怒，跟你现实中的怒，为什么会有区别？

Patty：为自己的怒和为别人的怒，强度不一样。

Ting：仅仅是强度？

Patty：求指点。

Ting：代入程度，一个是故事，是假的，一个是现实，是真的。对吗？

Patty：是有这种区别。

Ting：假如你演话剧，剧里要求你愤怒，演员的代入比观众强吧？

Patty：是。

Ting 但如果戏里的演员，因为现实问题跟你不高兴，借着演戏狠狠打你耳光（剧情需要），这时候你区分得出剧里的愤怒和现实的愤怒吗？

Patty：我觉得会吧，我觉得自己还算敏感的人，巴掌的力度肯定会有区别。

Ting：我们初步把"愤怒"分成四个阶梯，作为观众的愤怒；演戏需要的愤怒；戏剧与真实交汇的愤怒；现实的愤怒。这四种不同维度的愤怒，你是否分得清？每个维度都可以有 1—10 级的强度。

Patty：我觉得应该能够分清，但不是很确定。

Ting：嗯，我们来做个练习，说一个你在现实中容易愤怒的具体场景或案例。

Patty：比方说，前几天去买家具，营业员跟我推荐一款火烧石的餐桌，我说："我不喜欢石头做的餐桌面。"她说："可以改用木质。"我说："做成木头的我也不喜欢。"然后，她就说："这也不喜欢，那也不喜欢，你是上门来找碴儿的吗？"

Ting：很好。如果这是一幕话剧呢？

Patty：我的角色是演员还是观众？不论是演员或者观众，我的愤怒肯定不会太强烈。假的嘛，代入感也不会太强。

Ting：我们经常看到电视里的整人节目，比如，你碰上了这个不会说话的营业员，正发火，突然一帮人跳出来说这是个整人节目，指着摄像机给你看，你会继续发火吗？

Patty：不会，我会觉得惊讶，原来别人的攻击是假的。其次，即使是真的，在公开场合也会忌惮。

Ting：你怎么区分真假？如果这确实是个节目，但一直没人跳出来指出摄像机，你怎么知道真假？

Patty：如果没有人跳出来，我不一定能区分出。但是跳出来，肯定是假的。

Ting：对，我们只说前半部分——当你的愤怒跟"真假"有关，但你又不能确定何为真假，你的愤怒的根在哪里？这个有点思辨，但请努力理解。

Patty：我的自我价值感太低？你为什么不认同我？

Ting：我再解释清楚一点，当你认为是真的才值得生气（3、4情境），假的不值得生气（1、2情境），你很确信你分得清什么是真，什么是假。我提出的假设是——你真的知道何为真假吗？愤怒是独立存在的，哪怕看电影这么假的情境，也会有真实的愤怒。但是否让这个愤怒影响到你，是另一套机制在起作用——你对真假的判断。

Patty：我觉得我能，但是不知如何证明。

Ting：愤怒本身没有"好或不好"，就像火可以取暖，可以烧伤，如何控制那个合适的距离，是你真正要考虑的事。比如那个营业员，若你当她是个角色，距离就远，不会引火上身。

Patty：是的，如果只是个角色，不过莞尔一笑。

Ting：我列出的是个练习，四个情境维度如何跳跃和切换，就是控制愤怒的方式之一。这是对于"真假"和"代入"的觉知。从"最假"到"最真"，其中并没有你以为的界限，它们是一体的。

Patty：回到我的案例，我的愤怒应该属于第四个维度，现实的愤怒吧？

Ting：嗯，所以练习就是——你能否把现实的愤怒，切换到戏剧的愤怒。在没有摄像机的时候，想象出摄像机的存在。这不是逃避，而是切换维度。

Patty：但这个切换是为了什么？

Ting：拓宽。当你的维度被拓宽，你随时可以撒泼打滚取得优势，也可以在剧烈的冲突中纹丝不动。我们说一个人"爱演"，就是她可以把戏剧化代入生活，把生活代入戏剧化。

Patty：如果是这样的话，我的愤怒肯定不会那么强烈，也会更理性，"撕"的时候会更有逻辑。

Ting：如果能切换自如，怼回去的时候手段也无所不用其极——反正在演戏。

Patty：切换后再怼回去，不受情绪控制，怼回去的水准会很高。谢谢 Ting，我帮我解了一个结，我下次试试我的新技能。

本案要点

所谓好演员，就是在四个维度里切换自如，我们经常说生活如戏，戏剧其实就是对情绪的另一种觉知方式。"撕"的外功需要演技，"撕"的内功需要对维度的切换能力。需要发火才能获胜的时候，就需要有发火撒泼的演技。

另外，平复情绪并不是默认目标，如果要操纵自如的话，也不妨反向想想，要怎么激活情绪？任何控制都是双向的才能成立。

渴望被守护——看见未完成

葉子：我想看看自己为什么总有种"自己是个孩子"的感觉。

Ting：多大的孩子？

葉子：就是像小时候，爸爸妈妈他们在谈事情，我就在一边听，也不敢说什么，他们总是会说："小孩子一边去。"

Ting：五六岁，还是更大一点？

葉子：应该更大一些，就是能听懂他们说的事，内心也会有想法，八九岁吧。

Ting：你有兄弟姐妹吗？

葉子：有哥哥，不过从小人家都说我是他姐姐。他大我三岁。

Ting：你更懂事？

葉子：我被迫更懂事，因为爸爸重男轻女。爸爸曾经说，不管我多优秀，如果要牺牲一个孩子，那一定是我。

Ting：对你要求更多？哥哥总惹事也没关系？

葉子：哥哥不惹事，很听话。爸爸很宠他。却我要里里外外做事情。

Ting：在生活中，哥哥照顾过你吗？

葉子：小时候妈妈不在身边。更多时候我想照顾他。哥哥对我来说是个符号。

Ting：为什么你想照顾他？代替母亲的那种？还是妹妹对哥哥好？

葉子：觉得他弱小，担心他吃苦，可我自己很强大。从小都是，生存能力特别强。

Ting：他是家里的重点资源，你是保护他的守护者，有这个意思吗？

葉子：好像有点。我还想照顾我爸。

Ting：守护者，这个身份适合你对自己的定位吗？

葉子：蛮适合的。在爸爸那里，我真有代替我妈妈的成分。可我心里希望被人守护。哪怕只是一瞬间，想体验一下那种感觉。

Ting：你曾被谁守护过吗？

葉子：好像没有。自己守护自己吧。到哪儿都很强，都很优秀。

Ting：只有你足够弱小，才有资格被守护。孩子足够弱小，所以你想要变成孩子？

葉子：嗯嗯，这个感觉是对的。生活中我特别能主事，可心里总觉得自己是个孩子。

Ting：你老公呢？也听你的？

葉子：我们相对平等。

Ting：那我们不妨想象一下，什么样的情景下，你会被谁守护？比如地震啊，灾难啊，都可以。

葉子：没有。有一阵子，我一度梦到一个长辈一样的男性，极度包容我。

Ting：你说一个最打动你的电影桥段吧。

葉子：昨天看《摔跤吧！爸爸》很感动。

Ting：嗯，那就是守护。

葉子：我只是远远地感动。

Ting：心理学有个流派叫"完形"。就是说，你有个"未完成"的内在动力，促使你向那个"完整"迈进。

葉子：好像是这种感觉。

Ting：你"被守护"的内在缺憾，化成了一个形象，变成孩子，才能拥有被守护的资格。

葉子：我曾经祈祷，让我感受一下被爸爸疼爱的滋味，一下就好。

Ting：好好跟这个感受待一会儿。

葉子：我连哭从来都是偷偷的！

Ting：我此刻就在守护你呀，虽然很短暂。

葉子：嗯！我还想说的是，因为这种感觉，让我不敢与男性有很深的接触，不知道是不是怕自己会沦陷在被关怀的柔情里。我坚信男女之间没有办法产生真正的友谊。

Ting：你要找个爸爸，现在的男人大部分也都是孩子。

葉子：不幸被你言中！

Ting：所以今天到这里呗？虽然短暂，但停在这里就好。

葉子：嗯，我感受到了，谢谢 Ting！其实，像今天这样的梳理，最重要的意义并不是帮我解决这个实际的问题，我没有办法穿越过去，去改变任何事情，去补上那个洞。而且，即便今天的爸爸能满足我这个渴望，过去的空洞也不会因此而被填满。这种感觉更像是我认真地画一个圆，但是最后收笔的时候没有跟起点合上，留了一个空隙在哪儿，令人非常不爽！于是这个空隙就成了我余下的生命中一定要想办法补上的地方，无论我后来又学会了画方形、菱形、三角形和各种图形，且不论我画的有多好，这个没补上的空隙始终是吸引我注意力的一个黑洞。今天 Ting 牵着我的手，领着我去这个黑洞里看了看，我发现，其实豁了一个口的圆也是圆，里面该有的都有，如果时机差不多，就别再继续纠结这个微小的错位了，把这点注意力拿回来，凭我今天的画画技能，想画什么都不是难事。现在心里有一丝轻松和愉悦！

Ting：哈哈，豁口常在，欢迎常回来看看！

本案要点

"完形"的概念，是指你内心始终觉得有所缺憾，而缺憾可以成为痛苦的来源，也可以指引着你向着更完美的自我迈进。一切都是你的选择。

别人都说我很冷漠——建立关系

沅宝：我最近经常会收到一种反馈叫冷漠。原因是很多时候我不关注人，只关注我想关注的事情，而且当我觉得周围的人所发表的观点和言论没有什么价值的时候，会直接进入抵触的状态，瞬间做自己的事情，有人反馈过这样会让他们感觉很不舒服，我不确定我现在的状态，是源于我的"冷漠"，还是我对"价值"的判断和解读。

Ting：能举个典型的事例吗？

沅宝：比如，我月初去上课，体验式的课程。课上有学员在描述她的想法和状态。她觉得自己一直处于需要被关注、被关爱的状态，举了很多例子，说了将近20分钟。前面我是在听的，过了5分钟，我开始觉察到自己的抵触，觉得她说的都是废话，是在求关注的表现，然后我就坐不住了。她讲到10分钟左右，我就拿出手机玩游戏，在玩儿的过程中也能感受到自己的烦躁。

Ting：哦，我也经常这样。但我跟你唯一不一样的是，我会在她说完以后直接问她——你知道刚才自己的表现吗？你看得出这两者的不同吗？

沅宝：一个是自己沉浸在情绪里，自己消化忍受。一个是给出反馈，用照镜子的方式去提示对方？或者说，后者是在对自己的情绪负责？

Ting：后者是跟人建立连接。不管这个连接是好是坏，却是真的人与人之间的连接。

沅宝：建立连接，也是我"不舒服"的一部分。我懒得跟这样的人浪费时间去建立关系，只想离得远远的。

Ting：没错。因为你预判了，但这个预判只跟你自己产生关系。我们现在探讨"关系"，就一定是两人以上的。

沅宝：可能在我的信念里会有一个声音"他们不配浪费我的时间，没必要去浪费表情和感情"。

Ting：无论怎样的"关系"，都是建立在两人以上的。

沅宝：嗯嗯。

Ting：没有建立关系，和建立一个"坏"的关系，也是0和1的区别，这个你能明白吗？

沅宝：能明白。

Ting：所以，我们先看到你之前的0，现在来看看1，你如果要建立与那个女孩的关系，你该怎么做？不管是怎样的关系。你试试看，哪怕斥责她也行。

沅宝：我想，如果建立关系的话，我会问她，这个过程她想得到的是什么吧。我承认这个过程我有预判，我给她贴了标签。

Ting：很柔和的开始，那我现在扮演这个女孩可以吗？

沅宝：可以。

Ting：你来问，我来回应。

沅宝：好，那我就不加称呼了哈。

Ting：好的。

沅宝：我好奇你刚刚说了这么多，你想得到的是什么呢？

Ting：没有什么啊，我就是表达一下我的感受。

沅宝：那这个表达对你意味着什么呢？

Ting：为什么一定要意味着什么呢，我不明白你的意思。这是课堂，难道不是鼓励我们表达自己吗？

沅宝：我的意思是，在集体的课堂上，有这么多人的状态下，你在这个时候表达对你意味着什么，或者说你能从这个过程中得到什么？

Ting：你这个人怎么这样，我没有什么意思，你话里有话，你是什么意思？

沅宝：我的意思很简单啊。一，我想知道你用课堂时间表达这些信息，你能够获得的是什么？二，如果你知道你表达的是什么，我想我大概能知道是什么促使你占用大家的时间去表达这些信息。

Ting：我怎么占用大家时间了？大家都说说看，我占用你们时间了吗？老师是鼓励我们表达的，你想表达我也会认真听着啊！岂有此理，你凭什么就觉得你说的是对的？！我就是表达，单纯就是表达，没有什么企图！我已经回答了你三次了！你听不懂吗？还扣了个大帽子给我！

沅宝：有情绪了？

Ting：我当然有情绪了，你这个人莫名其妙，你被人泼了一头脏水你不生气？

沅宝：还真没觉得你的情绪是理所应当，你在表达的时候考虑过关注过大家的感受吗？注意过大家的状态吗？你关注自己、表达自己的时候，有想过你说的话对课程、对主题、对大家的意义和价值在哪儿吗？我们又凭什么听你说这些呢？

Ting：凭什么你说了算？你问过"大家"的感受吗？我认真表达我自己，就是对大家负责的方式，老师鼓励我们表达，如果真有你说的问题，他也会指出来，你凭什么跳起来代言大家，真可笑！

沅宝：我并不认为我说了算，所以我是以好奇的方式去问你，因为我不想给你下定义贴标签。然而，现在看来并没有用。

Ting：你已经有结论了，别扯好奇不好奇了，你已经在定义了。现在装什么好人？

沅宝：行。就这样吧，没必要再说，浪费时间。

Ting：哼！虚伪的人。好了，到这里。你回看一下，自己的沟通模式里有什么问题？

沅宝：看到这段沟通好像是在验证自己的预判。而且，我并不在乎对方的情绪，只想要我的结果，当我们不在一个层面的时候就会离开。

Ting：是的，你虽然在问问题，但是第一，屏蔽了自己的感受。第二，你已经有了预判和定义，但是被藏在问题里。第三，你代言了众人。

沅宝：是的。我有看到这一点，这个"大家"。

Ting：尤其是最后一点，你从主观僭越了客观。试图用"公心"压制对方，这个道德谴责站不住脚。

沅宝：嗯，我明白。

Ting：好的"沟通"，是这三点的反相。比如第一点，你能否诚实地表达自己的感受？

沅宝：我会这样表达，其实并不是从谴责的角度，初衷是让她看到大家的反应，这个反应并不一定是我说的，但是她需要去看。

Ting：她需要看的，跟你需要看的一样多。

沅宝：这个是的。

Ting：你是否可以先看自己，试着再来一次——真实表达一下自己的感受。

沅宝：我很少表达自己的感受，很多时候不表达，是因为觉得没必要，也不想暴露自己。

Ting：我们重新回到起点，请你再来说一次。

沅宝：好。我好奇你刚刚说了这么多，你想得到的是什么呢？

Ting：你的感受是再往上的那一段——我烦躁。请用"我感到烦躁和无聊"开始。

沅宝：好的，我重新表达。刚刚这个过程，我会觉得烦躁和无聊。

Ting：为什么呢？

沅宝：因为我觉得你说的这些和课程根本没有什么关联。

Ting：很赞。停在这里，感受一下前后的不同。当你直截了当说出自己的感受时，这个感受是情绪本身，而不是被处理过的观念。

沅宝：我是绕了多大个弯子。

Ting：是啊，你在一个迷宫里，弄丢了自己的情绪。然后再来，试着在有观念的地方加一个前缀：这是我个人的观点，可能不对。来，你找一个刚才说过的观念，加上前缀再说一次。

沅宝：这是我个人的观点，可能不对。我会觉得你在课上表达这些是想得到某些东西。

Ting：为你定制两个原则。一，试着在任何情境下，先直接表达情绪和感受本身，一定要诚实。二，试着在所有观念前面，加上"这是我个人的观点"

这样的前缀。你实践一段时间，就会看到关系的改善。

沅宝：感觉上这样的表达要平和些，至少不是带着骄傲的能量。好，我用起来，试试看。多谢 Ting。

> **本案要点**
>
> 生活中，为什么表达情绪很容易造成用情绪控制他人的感觉呢？原因就在于，还没有好好尊重自己的情绪，就急着变成观念。观念就会有博弈和控制产生。精准地剖析他人，和精准地剖析自己必须同步进行。
>
> 另外，本书中的每一个案子，都是根据案主当下的状态来的，不能推而广之，也未必完全适用他人。请各位在阅读时，尽量以"这是一扇大门"的意象来看待案例，打开它，是为了看到门背后的那个世界。

拖延症怎么治——制造对抗力

自己玩：我想"撕"自己的拖延症，可以吗？

Ting：哦，好啊。我也有拖延症。我现在做个案，就是为了拖延写剧本的计划。

自己玩：我现在是家庭主妇，正在努力学习心理咨询师的专业知识，有一堆的学习计划，自己做了月计划什么的，可是家里的家务要做，孩子要带，身体精力又不是很好，很容易累，常常把家里的事做一点就想躺着了，所以学习和工作计划都完成不了，自己心里着急，但不知道怎么去完成。

Ting：不是有很多书在说拖延症吗？我估计你也拖着没去看。

自己玩：好像年纪大了后，看书和写文章需要一个很好的状态才能进入，排除杂念才行，但那种时候实在是太少了，所以……是的，我试了一些方法去看书，也坚持不了。

Ting：然后通过所谓的自责和自省，来缓解压力。若是有个权威的人来劝慰你，就更好了……

自己玩：不是，我不需要劝慰，只是真的想解决这个问题。

Ting：我也想呢。让我们一起去寻找办法吧！

自己玩：我现在做的事情，是自己喜欢的，可是我不懂自己干吗要拖着不干。

Ting：我无比认真地说："我跟你一模一样啊。你为啥觉得我就能解决呢？"就像某位心理学作家的前夫和她吵架的时候，气极了就骂——你去把你自己写的书好好读一遍！

自己玩：我是觉得自己内心里有什么东西在抗拒，但不知道那是什么。

Ting：有本《拖延心理学》，详细分析了拖延的成因和解决方案……我拖着没看完。知道了也没用。

自己玩：为什么呢？

Ting：阻力比愿力大呗。你整个身体都在抗拒的事，意识层面不能提供足够的动力。只是阻力不可见，愿力可见而已。

自己玩：身体抗拒……这个没有方法改变，或者影响吗？我为啥身体抗拒啊，懒惯了？

Ting：人在集中注意力的时候，身体处在高度耗能的状态。从某种意义上来说，学习是"非必需生存常态"，你的身体为了保护自己，不会自动进入那个耗能状态。你过于强调了意识的作用力，却忽略了身体需要。

自己玩：人在集中注意力的时候，身体处在高度耗能的状态——这个真的是我，我习惯思考和反省，每天没干啥也觉得累。

Ting：天然好动的生物，寿命都比较短。比如兔子和老鼠。不好动的生物比较长寿，比如乌龟。人也有这两极。你的身体可能天然比较不愿意进入耗能状态，这就是不可见的阻力。

自己玩：难道我只能每天胡思乱想，没办法把它们变成现实？

Ting：但人是更复杂的生物，受制的因素非常多，比如"完美主义者"就是因为总是怕失败，而拖延结果的到来。你现在的焦虑，也是耗能的一种。我有一些解决之道，但非常个人化。你要参考一下吗？

自己玩：好的，要的。

Ting：我非常懒，但更害怕亏欠别人。所以我去健身就一定请教练，而不是相信自己的冲动。教练是个具体的人，他为了业绩会催我上课，如果我不完成规定动作他会交不了差……我可以小偷懒，但为了这个具体的人能交差（不想亏欠他），我的懒被限制在一个范围里。所以，我制造了一个"更害怕"的对象来消解我的懒。我承认阻力的存在，制造新的对抗力。再有，比如我写剧本，也是制造了一个对抗力。我每晚一个小时交稿，合作者就会罚我200块，这也是制造抗力。

自己玩：利用外界的力量来控制自己！嗯，我爱钱，你这个方法对我也管用。

Ting：我对具体的人有愧疚感。对抽象的概念没有感受。所以我主动找具体的人惩戒我，制造抗力。

自己玩：主动制造抗力，会不会给身体带来更大的压力呢？

Ting：我个人觉得有"对象"时的用力方式，和内耗不一样，前者更具体，更有目标感。后者是纯粹的下坠。

自己玩：有道理，没有成就感实在太难受了。

Ting：尤其在前者督促下完成了一个阶段目标时。接下来对方的肯定和那种放松感，非常爽。前者是一张一弛，后者是疲软下滑。

自己玩：好的，谢谢，说一千道一万，还是最后要有行动才算数。我对自己的"乌龟"体质感到很无奈。

Ting：可以先夸下海口，然后用羞耻感来推动自己。

自己玩：羞耻感我大大的有，得好好利用。

Ting：重点是把自己置于"愧疚"中，让对象推动事情发展。对我来说，羞愧感几乎是我最重要的行动力能源。

自己玩：但当做事失败后的羞愧感强烈来袭时，如何应对？如何让自己下一次采取行动时不被上次的羞愧感所淹没。

Ting：说出来。羞愧感被化作语言表达出来后，就稀释了大半。诉说的对象越多越重要，就越有效。比如，我曾接受某个银行总裁的示好，但突然发现自己另有所图，所以无比羞愧。于是我把它写成文字公之于众，这种羞愧就被真正提炼。

自己玩：这个需要好大的勇气。

Ting：勇气是万能钥匙。勇气在情绪表里，是正负能量的转换点。"勇气"一词，对我而言，它是所有问题的钥匙，并不是血勇之气。

自己玩：咦？Ting，你不是原子化生存，咋会对教练有愧疚呢？我请了教练，只会觉得教练老来烦我。

Ting：原子化是一种选择，不代表我否定自己身为社会人的责任和感受啊。何况他们是我主动的选择，是用来帮助我的工具。我有自己的边界，但边界不是唯一的铁线，而是在不同人那里，有不同的边界。我拒绝的，有可能是推销员的边界，但我主动选择的，就在情感边界上。我的教练是我选择的"对象"，他们被我使用，我就会在意他们的感受。业绩是我跟他们要一起面对的，我不希望他们感觉不好，所以就会为之做出努力。比如，我接受了某人的推销，他就迈进了我的"下一个区域"，边界可以理解为城墙。在区域里他的活动相对自由，但他不能随便进入我家。我家大门是新的边界……所有边界内，都有新的、更核心的边界。我的清晰在于，我有明确的城墙、家、卧室的概念……在城墙外的人，我拒绝毫无压力。但进了城墙，我就有共同保护的责任。再比如，100人的朋友圈，就是我刻意为之的城墙。可能有人很好却被错过，但我不后悔。故意和自然之间，是相互制约和平衡关系。生活中有很多人为了"万一以后有用呢"，在家里堆了无数垃圾。人际关系也一样。你以为留在通讯录里的名字，真的能为你所用？

本案要点

世界上没有人能真正解决"拖延症"，我们只是在用各种方式来对抗天性中的懒惰。就如我在案例中所说的那样，懒惰是人类的自我保护机制，它提醒你不要进入过度耗能的状态。但作为一个社会人，我们的"拖延症"也的确会给我们拉后腿，使我们的社会生活处于相对不利的状态，所以我们就得制造出一些"对抗力"来保持相对的平衡。我提供的方法可能只适用于一小部分有"羞耻心"的人，但亲测有效。

害怕权威——修补恐惧

梅娟：我害怕权威。面对权威的人非常不舒服，即使有工作需要也不想去见，见了多数也会不自在，能躲就躲。准确地说，我对比自己优秀或和同一样水平的人有一种恐惧和不安，面对比自己差的人（自己认为差）傲慢不屑，看不起人家，喜欢优秀的人。常常在恨自己和欣赏自己两者之间徘徊。

Ting：您是做什么工作的呢？

梅娟：我是业务员。

Ting：请举个具体事例，这样我们可以从问题入手，如果一上来就是命题，容易不落地。

梅娟：我现在紧张，手发抖。

Ting：对我？

梅娟：有事要求你一样。

Ting：那就从我俩入手。

梅娟：嗯。（喉咙发紧，小腿发酸。）

Ting：我在你心里是个权威不？

梅娟：（左脑紧张）是的。

Ting：权威对你来说，标准形象是啥样的？比如年纪、样貌。

梅娟：（咳嗽中）有威望，受人尊重。很多跟随者。（说完最后一句，打了个冷战。）

Ting：能具象化吗？长啥样？性别？喜好？是否有追随者……听起来很恶势力啊。

梅娟：高大，男，时冷时热。

Ting：年纪呢？

梅娟：五十岁左右。突然想到我叔叔。

Ting：眉毛浓吗？有什么特别的特征？

梅娟：眉浓，有点凶。

Ting：他对你说话的时候，喜欢说些什么？

梅娟：说不好的，他是老师，我记得都是不好的。

Ting：批评你吗？可以说一句他惯常的批评。

梅娟：印象最深的，有一次我在学校流鼻血，他就说我吃炒花生上火我爸妈也不管我。他总是欺负我爸。

Ting：你觉得，他这样说你是为了表达什么意思，为你好吗？还是为了欺负你爸？

梅娟：不是为我好，目的是说我爸妈不好。

Ting：哦，他在家族里地位比较优越的吗？

梅娟：嗯，是的，但我现在不觉得，我觉得我爸比他更优越。

Ting：你爸性子比较软？面对叔叔的批评，他一般会怎样反应？

梅娟：性子软，常委屈自己。

Ting：在你心目中，爸爸能保护你吗？

梅娟：不能。我看到他受委屈，很难受，想帮他。

Ting：你做过些什么来帮爸爸吗？

梅娟：有，赚的钱都给家里。想让他们过得好点。

Ting：如果有一天，叔叔再说你爸的时候，你站起来对叔叔说，"叔叔！你不可以再说我爸！"你仔细体会一下，感觉会怎样？

梅娟：我会边说边哭。

Ting：是，这就是你的钥匙。

梅娟：我爸终于被看见了。

Ting：你要通过捍卫爸爸，来修补那个害怕。当你面对了这一刻，其他权威都是浮云。

梅娟：突然发现我和爸爸一样。

Ting：你可以成为更好的"爸爸"，哪怕哭了，也要哭着说完。

梅娟：谢谢您。

Ting：不要只去捍卫他的利益，也要学着捍卫他的尊严。加油！

本案要点

我很少会给别人鸡汤式的话语，但有些时候，如果汤里的确有鸡肉，我也不吝盛上一碗，给那个又冷又饿的人。

我总是被权威的话影响——权威后置

豆妈：我对我认为的权威非常信任，影响到我的生活。

Ting：有具体案例吗？

豆妈：有。

Ting：来一份。

豆妈：有一位北大毕业的妈妈，说她家孩子晚上 9 点上床，我认为我家孩子也得 9 点上床，如果超过 9 点，我的脑子里会经常浮现她的这句话。过了一阵子，她的孩子 10 点上床了，我会觉得原来 10 点也可以啊。

Ting：如果有个更权威的人说 10 点呢？

豆妈：我会听从更权威的人说的 10 点的建议。

Ting：呵呵，你怎么判断谁更权威。

豆妈：感觉谁厉害谁就权威。

Ting：没有参考标准？比如央视报道、名校名家之类的？

豆妈：那些距离我比较远的，我没有很信任，我只信任我眼前的。

Ting：那个北大的妈妈你认识？

豆妈：网友，聊了多年，算是很熟悉。

Ting：所以你现在的困扰在于，你心底里也并非完全认同她？

豆妈：是的。

Ting：那为什么不认同呢？

豆妈：虽然不认同，但她说的话会不自觉地出现在我的脑子里。不认同源自我想根据自己家的情况教育孩子，却总是感觉很无力，摇摆不定。

Ting：听起来像是你在跟自己的潜意识作战。

豆妈：好像是。心里经常有无声的战斗。

Ting：你从小是个乖孩子吗？

豆妈：表面很皮，内心很乖。

Ting：表面很皮是指？

豆妈：表面看起来，爸妈顺从我，因为我哭起来太厉害了。

Ting：表面很有主见，其实心里特别希望有个依靠吗？

豆妈：对。我会暗中观察父母的脸色，如果他们真的骂我，我不敢回一句话。

Ting：感觉像《七月与安生》里的安生，你看过这部片子吗？

豆妈：没有看过。

Ting：建议你抽空看一下，很有映射感。你吃过什么大亏吗？

豆妈：好像没有。成长之路基本顺利，本科毕业进入国企，做着一份很稳定的工作。

Ting：担心未来会有个什么坑，你无法抵抗吗？

豆妈：有，比如失业。多次想辞职，不敢。

Ting：会是日常性的担忧，还是偶尔会有。

豆妈：日常性的担忧。比如，我真生气的时候会骂我的孩子，"你知不知道我工作赚钱有多难？"

Ting：你现在的生活重心在哪里？家庭？孩子？还是事业？

豆妈：孩子。

Ting：女孩？男孩？

豆妈：女孩。

Ting：多大？

豆妈：五周岁。我想自我提高，也是想把孩子养得好一些。

Ting：你对她的未来有什么期待吗？她有什么特长吗？

豆妈：期待她未来幸福感满满。目前好像也没发现她有什么特长。

Ting：你认为的幸福，是怎样的一幅图景？

豆妈：我自己的资格感和幸福感很低。期待她能自由地在不同的工作和行业间游走，能发现生活中点滴的美。

Ting： 如果她幸福，在你脑子里的画面是怎样的？带着她的孩子，跟着她的老公在公园里？还是在哈佛的毕业典礼上？

豆妈： 我希望她能满足。哈佛不重要。如果有，那更好。但情商比智商重要。我更看重她的情商。

Ting： 你想象过她为了什么而满足吗？具体一点，在脑中勾画一个具体的画面。她在什么情境下，被什么满足。

豆妈： 被她自己内在散发出的喜悦而满足。

Ting： 具体，画面。

豆妈： 她的喜悦是发自内心的。

Ting： 具体，画面，不是抽象的词汇。

豆妈： 她时而跟老公亲昵，时而拥抱她的孩子，时而俯身凝视公园里的花花草草。

Ting： 好的，当说出这个具体画面的时候，你的感受是怎样的。

豆妈： 脸上放光，感觉内心充满喜悦。

Ting： 现在跟刚刚说抽象词汇时的感觉有什么不同？

豆妈： 感觉能量要溢出来了。说抽象的词时内心有一点悲伤。说画面的时候，喜悦油然而生。

Ting： 你听说过"眼耳鼻舌身意"这个说法吗？

豆妈： 第一次听到。

Ting： "色声香味触法，眼耳鼻舌身意"，是佛教用语，我不是佛教徒，只是拿这句话说个事儿。

豆妈： 好。

Ting： "眼耳鼻舌身"，是五种感官，意，就是意识。你刚才就是把抽象词汇（意），转化成了眼耳鼻舌身（感官）。

豆妈： 嗯。理解。

Ting： 这种转化会带给你刚才"具象"的喜悦感。我们回到你"9点睡觉好不好"，你心中的意是——怎样对孩子好。你要把它转化为感官可以理解的规则。

豆妈：感官可以理解的规则，不太理解。

Ting：那我说慢一点。一步步来。

豆妈："怎样对孩子好"的意念，我一直有，而且很重。

Ting：你心中有一个"意识"，就是要对孩子好。

豆妈：对。

Ting：但这个"意识"要转化成规则，比如几点睡觉，却没有标准可言。规则还是抽象的"意"，它没有转化为感官——孩子9点或10点睡觉，你看不到区别。

豆妈：是，标准不确定，但超过10点我估计怎么也接受不了。

Ting：所以，北大妈妈对于9点还是10点睡觉这个说法，跟你要"对孩子好"之间，并没有形成因果关系，也就是没有真正落地。你要看到孩子因为9点睡觉而红光满面，身体发生显著改变，你才会真的"相信"她。你是感受型的人，你只愿意相信"所见即所得"。

豆妈：是这样，产生了我要的结果才会相信。

Ting：是的，我说得可能有点绕，但你试着理解一下。

豆妈：有点晕。

Ting：不好意思，我用了一个非常理论的方式跟你说话。让我想想有没有更好的路径。你对把抽象的"喜悦"转化为"在公园跟老公孩子相处"的具体场景，很有感受，对吗？

豆妈：是的。

Ting：那么，你能把"为孩子好"和"9点睡觉"直接化成等号吗？

豆妈：有的时候会，有的时候不会。会占多数。

Ting："为孩子好"，如果要转化成一个很具体的场景，在你心里会是怎样？在入睡前，你会做些什么"为孩子好"的事？

豆妈：两人头碰头一起读几本书，然后，愉快地关灯入睡。和几点睡觉无关。

Ting：这时候，是不是 9 点一点也不重要了，对吗？

豆妈：只要大家精神都好，我就不能勉强。是，这样就不重要了。我要的感觉是我和孩子都顺畅。

Ting：嗯，这就是你心中疙瘩的地方，因为"准 9 点睡觉"这件事，表面上是"为孩子好"，但在你心里，它完全没有比跟女儿愉快地结束这一天更重要。它只是"貌似"为孩子好，但事实上并没有，尤其当它打扰了你真正的"好"，你就别扭。

豆妈：是这样子。那我为何会信任这样的权威？她的话为何对我这么重要？

Ting：因为我们对那个"好"不自信啊，总想用规则来替自己说话——这样万一有什么纰漏，我们自己就不用担责任，而是推给权威。你怕的是"万一"，提前找个垫背的。这就像你日常性的焦虑，也是怕那个万一。

豆妈：我的理解"权威＝规则"。

Ting：权威颁布规则。规则是权威的具体落地。

豆妈：是这样的。就像现在你说的话，我都认定是对的。

Ting：当权威说"9 点睡觉好"，你就担心万一跟女儿玩太晚影响她的健康，自己做错了怎么办。

豆妈：破权威的方式是尊重自己的感觉吗？

Ting：有时候你把"害怕"放在第一位了，而权威就是帮你承担那个害怕的后果的。权威不一定要破，把他们的位置往后放放就好。

豆妈：把自己放第一位？

Ting：你跟女儿的快乐是第一位的。

豆妈：明白了。

Ting：关灯前，读读书，问她今天干了什么，开不开心，这是第一位。

豆妈：对，我也会这么做，但同时我的脑子里会有一个声音一直在问自己几点了。

Ting：记得 9 点或 10 点这个规则，适当控制就会平衡。就跟开车一样，熟练了，你就不会想着怎么开，而是看风景了。

豆妈：这个比喻很恰当。

Ting：踩油门，控制方向盘，都是"几点睡觉"，慢慢就会形成下意识。但快乐就是看风景，这两者并不矛盾。

豆妈：嗯。

Ting：所以当你脑子里闪过北大妈妈的话时，不用抵触，就让它在那里就好。没有对错。

本案要点

我在回看这些案例的时候，有时会觉得"不可思议"——怎么就聊到那里去了呢？然而正是因为连我自己都不知道方向，才会有如此生动的对话产生。所以就像这个案例中说的那样，我一直会把人与人之间真正的交流置于"解决问题"的需求之前，我对那个交谈对象真的好奇，愿意与他（她）度过一小时的美好时光。

在与亲密关系相处时，我们如果能随时随地将"美好"与"好奇"置于"解决问题"之前，可能绝大部分困扰都会不攻自破。

我总是缺乏耐心——个体属性

圣甲虫：过节回长沙老家，哥哥家的孩子要玩我女儿的玩具，女儿不愿意给，我没有干预，但是我妈和我舅教育我女儿要有姐姐样。我舅还特别不耐烦，这让我想起来小时候我挨骂时没有能力保护自己。我很委屈，但我表达不了自己的立场。返程前，因为没满足女儿一个小要求，女儿耍脾气拧巴着不走，我急着赶火车，冲女儿和我妈大发脾气，强势而狠狠地拽着孩子上了火车。Ting，我想解决的问题，一是我为什么那么容易失去耐心，二是为什么我总是把委屈放在心里而不能投入行动？

Ting：先说第一个吧，为什么容易失去耐心。你除了在家里，在其他场合也容易失去耐心吗？

圣甲虫：是的，尤其是对孩子。

Ting：工作时候呢？

圣甲虫：也有，比如别人找我问一些我觉得简单的问题，例如电脑维护，我也会不耐烦。

Ting：那我们从最简单的来——简单问题为什么让你没有耐心？复杂艰难的可能反而好些？

圣甲虫：复杂问题我也不能解决，深入不了。

Ting：你的没有耐心是"泛化"了吗？那就问问，你对什么是有耐心的，愿意投入的。

圣甲虫：我总是想象着怎么解决，觉得方法不错。但就是执行不起来。

Ting：这是第二个问题。我们先说为什么没有耐心——你对什么是有耐心的？

圣甲虫：我想不出来对什么事情特别有耐心。

Ting：那也就是说，"耐心"不是你的素质，只是你渴求的东西。

圣甲虫：嗯。耐心是我很想要的。

Ting：乌龟看起来有耐心，兔子没有，兔子一定要变成乌龟才满意吗？

圣甲虫：我会忍受不了乌龟，怎么可以那么慢。

Ting：了解，你在生活里是个活跃的人吗？

圣甲虫：还好，喜欢的项目也挺多。

Ting：你知道一些关于"专注力"的科学常识吗？

圣甲虫：知道的。

Ting：所以，你能明白人的"专注力"，很大一部分是天生的？就像兔子和乌龟的区别那样。

圣甲虫：这个我没想过，不是可以训练的吗？

Ting：后天可以适当培养，但脑回路和激素水平大部分取决于"精神胚胎"，后天能改善的微乎其微。

圣甲虫：我自己比较不能长久专注于一件事，同时希望自己可以做到。

Ting：但"专注力"高并不都是好事，就像你刚才不喜欢乌龟一样，专注力高的人系统容易封闭——你喊他他都听不见，一个固执的老大爷也没那么可爱吧？

圣甲虫：我要接受自己的浮于表面？

Ting：退一步来看，你可能只是想让自己更好，然后挑了一个"显得更好"的条件？

圣甲虫：我现在很混乱，对自己的负面评价都冒出来了。

Ting：换个思路。扬长避短，你现在在避短，如果扬长呢？你这样的"精神胚胎"，有什么长处可以发扬？比如我，从小就被人称为"言语刻薄"的人，但我没有自暴自弃啊，现在不是靠言语刻薄教大家应对冲突时适当释放攻击性吗？你自己觉得呢？你最"糟糕"的，但特别根深蒂固的特性是什么？

圣甲虫：好友说我看书杂而多,爱好广泛。她是我的另一面，她看一本，就会践行。我觉得我对应的就是那句——知道很多道理，但还是过不好这一生。

Ting：我想说的是，迅速践行也不是绝对好的。嗯，我们聚焦一下，先别散掉。你自己认为，自己根深蒂固的特性是什么？

圣甲虫：我就是容易散掉。这种特性是什么？我不明白用什么词描述它。我以为我刚说的就是。

Ting：比如，我刚说的"刻薄"是我的特性，但刻薄是双刃的，可以负面评价，也可以正向使用。你有什么？

圣甲虫：纠结。算不？

Ting：容易"散掉"是你的特性，纠结也算。纠结和散掉，选一个。

圣甲虫：散掉。

Ting：好呀，至少现在聚焦了一个词。容易散掉这个特性，有什么正向的使用方法吗？

圣甲虫：散发跳跃思维，我聚焦难。

Ting：嗯，想想看，如果每一种人格特质都有正负，散掉的正向意义是什么？

圣甲虫：我想想，比如结构，维度需要散发思维。

Ting：嗯嗯。

圣甲虫：看问题全面。

Ting：棒。继续。

圣甲虫：不钻牛角尖？

Ting：对，很好。我不是说你说的有多对，而是你用另一个视角看待了"散"。"上善若水"的意思，就是说水是散的，它可以是各种形状、形态。

圣甲虫：这个明白，我是如此希望还有另一面特质。

Ting：我明白你的"需要"。水变成冰的时候，就会坚硬。冰，就是冷硬的规则。你如果足够强势对于女儿的玩具归属的问题态度强硬，家里人都会听你的。

圣甲虫：这个不好操作落地。

Ting：就是啊。

圣甲虫：在家里我还比较有话语权，但是我选择了沉默。

Ting：我并不能解决你天然属性的问题，我只能请你看到"散"的另一面。

圣甲虫：嗯，我觉得这个是造成我不能落地的原因。

Ting：你若是水性的，可能要试着更宽广博大，而不是坚定如山。除非你有朝一日变成冰山。

圣甲虫：嗯。

Ting：回到刚才的例子，如果你要成为水，比较好的方式是什么？增加水量这个概念，怎么落地？女儿的玩具这件事，可以怎么处理？

圣甲虫：不同人不同应对，比如骂孩子的，坚决维护孩子。确切说，我还没想好怎么利用水性。

Ting：水的特性就是"沟通"和"连接"，增大水量的意思，就是连接各个点的需求，类似运河连接码头，你的每个亲人，都是一个孤立的码头，你看得到他们的需要，连接他们……水量越大，能运载的货物就越多。

圣甲虫：可是也可以是湖泊，接纳所有。我当时是不是就想这样，但又觉得这样是虚假的忍耐。

Ting：水不阻止任何船的通行。

圣甲虫：嗯，是的。我明白你的意思了。

Ting：湖泊是静止的，只能休闲娱乐。运河是连接的，可以通商运客。试着成为运河，而不是湖泊。

圣甲虫：这个好。

Ting：所以你第二个问题也在其中了。

圣甲虫：我也觉得两个问题应该是相通的。

本案要点

　　因为时间关系，对话戛然而止了，所以在这里要略作补充。

　　有意识地去连接就是增加水量。例如，跟女儿沟通"为什么不给玩具"，跟老妈沟通"别强迫孩子"。这个案例是从"无力协调家庭矛盾"而起，她自己归因为"缺乏耐心"，所以入口是"你为什么没有耐心，是所有事情都没有，还是单单对家庭没有"。案主的回答是——基本都没有，我整个人注意力是散的。

　　所以第一个小结是她具有天然水属性。水属性没有好坏，所以先放下苛责，不要定义它是好是坏。这之后再去看水属性的优势。我打了运河的比方，是为了"可视化"。具体问题就像是船，沟通和化解能力是运河里的水量。这样"问题"就会变小，如果加大水量，船就可以自如通行。

　　因而，本案的落点不是耐心够不够，而是沟通能力是否能得到提高。

面对压力总想逃跑——打开黑箱

麦子熟了：面对压力时我就想逃跑，找各种理由逃跑。

Ting：我们就从这里进入。"面对压力时我就想逃跑"，这个说法，你觉得有没有问题？作为沟通的话，它给对方的落点在哪里？——我是不是该说"那就别跑呗"。

麦子熟了：不知道问题在哪里？

Ting：这句话是要跟我建立怎样的沟通？谈情绪，谈方法，还是谈感受？无论谈什么，我都没有看到落点。

麦子熟了：就是不知道要谈什么的意思吗？

Ting：没有事件，没有共鸣，谈话无从继续。换个跟我沟通的方式，再来。记住，是沟通。

麦子熟了：对逃避压力这个感受我不知道怎么面对。

Ting：你预设我无比了解你，还是预设我有个"一招鲜吃遍天"的方法论？在这些抽象词组里，我能得到什么有价值的信息？那我回答——勇敢面对！是不是就完了？

麦子熟了：我说一个具体事例，我一直想做瑜伽教练，以前上过教练班，觉得自己身体太僵硬很多体式做不到，口音还不标准，在一起练的同学和老师都说听不清我的话。一开始我在班里表现是最积极、最好的，现在发现了自己的缺点，看到别人比自己好就非常紧张。

Ting：有进步。现在有了具体的事件，以及事件带来的情绪，还有要解决它的动力。这叫一个"钩子"，是建立沟通的开始。但我们先不要那么快进入问题，在"沟通"这件事上略停留一会儿。你抛出这个钩子，希望跟我建立怎样的连接？是求助，是聊天，还是别的什么……仔细感受一下我在你心中的样子。

麦子熟了：看到我的情绪和问题。

Ting：我是帮助你看到自己的放大镜？

麦子熟了：我觉得你会了解我。这是预设。

Ting：我是工具呢，还是个人？或是像魔镜那样的法器？工具无喜无悲，没有倾向性，只解决问题。人是活生生的，有喜怒哀乐，爱憎分明，需要互动。

麦子熟了：我怕看到你的感受你不想搭理我。

Ting：所以你觉得工具属性相对容易面对？

麦子熟了：我不想面对自己不被认可的感受。

Ting：很好，继续——所以你选择了用对待"神器"的方式来建立跟我的连接？"魔镜魔镜告诉我，我的烦恼怎么办？"

麦子熟了：刚才的情绪没了，被老师逗笑了。

Ting：生活里不止有神器，还有很多不好用的工具，你怎么对待它们？

麦子熟了：我不知道我在用工具。

Ting：刚才我提出"沟通"的时候，你看得到你对我"工具属性"的预设了吗？

麦子熟了：看到了。

Ting：你回避了我"人"的属性，也回避了跟我做人与人的连接。那么在日常生活里，每当你预感到对方有可能不喜欢你的时候，反应应该差不多吧？

麦子熟了：对，就是不想面对。不想要这个连接，很快有很强的情绪。

Ting：准确地说，是不能建立起真正的"关系"。顶多是基于身份符号的弱关系。

麦子熟了：觉得自己无法控制。

Ting：不能控制的，就不要？

麦子熟了：嗯，不能控制的情绪让我很不安、害怕。

Ting：你养宠物吗？

麦子熟了：不养。

Ting：也不喜欢？比如猫狗。

麦子熟了：喜欢。

Ting：猫还是狗。

麦子熟了：都喜欢。更喜欢狗一点。

Ting：想象一下，你在美好的生活里养了一条什么样的狗？

麦子熟了：没有研究过。

Ting：这需要"研究"？

麦子熟了：觉得狗的特质都差不多。

Ting：是条毛茸茸的大狗，还是伶俐的小狗？想象没什么代价，想一想。

麦子熟了：希望是小狗，方便我带它，不麻烦。

Ting：你跟它在一起干吗？最舒服的场景想象一下。是晒太阳，还是遛弯？

麦子熟了：一起奔跑。因为我也喜欢奔跑。

Ting：奔跑，很好。想象中，那一刻的感受是怎样的？释怀吗？

麦子熟了：对，心情非常好，轻松愉快。

Ting：嗯，我们在这个想象里稍微逗留一会儿——这种释怀，能多一点具体的描述吗？比如，刚吃了早餐？或是黄昏？在哪里奔跑？

麦子熟了：无拘无束，在大草原上或者在海边，在广袤的天地里自由地奔跑非常释怀。

Ting：很好。那你预想中，要在什么时候实现这个想象？

麦子熟了：你的表扬让我自信了点。

Ting：加油。

麦子熟了：好像那只是梦，离我好远。

Ting：这个梦没有那么难啦，来，我们一点点"构建"。

麦子熟了：不敢想真的有机会实现。

Ting：有一条小狗不难，今天就可以实现。但与小狗配套的生活有点难，不妨说说有哪些？你想象一下，围绕着这个"梦"，要实现哪些条件？

麦子熟了：第一，在经济上我还无法支撑，在时间上我还不想分太多给它。

Ting：是的，这是抽象的词汇，我们把它具体化，经济达到什么程度？时间要怎样分配？

麦子熟了：我有 10 万的存款，有自己的工作能养活自己，实现自己基本的自给自足。

Ting：很好。以你现在的工作方式，大约什么时候能实现？

麦子熟了：没底。

Ting：给个期许，不是承诺。给一个合理而乐观的预期。

麦子熟了：现在做的事情做不了，如果做瑜伽教练还有很多要投入，而且我看不到自己能有多少收入。

Ting：不要紧，预期一下，就像工作计划，哪怕是想象，也是迈出一小步。

麦子熟了：7 年。

Ting：虽然很保守，但好过没有。

麦子熟了：谢谢。

Ting：7 年以后，或者更短更长，你会去做这件让你快乐释怀的事吗？

麦子熟了：开始还想这真的可以吗？后来想一下好开心，觉得会。

Ting：我见证。加油吧。我们千辛万苦地沟通其实说的是——如何把一个抽象的概念，层层落地。所有的抽象，都可以这样一小步一小步转化为可操作的具象。

麦子熟了：嗯，自己转化就没那么快了。觉得自己很依赖别人。

Ting：所以最后可以跟我有个小承诺——如果你真的有了 10 万，请去做那件让你快乐的事。我很愿意见证。

本案要点

　　有些问题，不敢面对，就是不敢去想象，把问题黑箱化。针对案主，我进行了逆向操作——把黑箱化的快乐，一点点见光。我们习惯于把悲伤黑箱打开进行疗愈，但打开快乐黑箱的原理是一样的，只是更愉快。

　　压力，就是黑箱化的表象。案主迈不出把抽象变具象的一步。所以这个案例的重点不在说理，而是如何迈出一步。案主的小狗，以及围绕在小狗周围的所有"必须条件"，构成了快乐落地的步骤。

　　快乐的黑箱，是不敢去承受无法实现的失望。压力的黑箱，是不敢面对被人嫌弃的真相。所有的黑箱都可以打开，但需要慢慢来，更需要勇气和技巧。

别人总是对我发火——理性 VS 不可控

chaishanqing：我的问题是，我似乎总是没有办法保护自己，别人总是轻易对我发火，我总是会被人攻击，但是最后却变成我是抱歉的那一方。我真的很难过。比如有一次，早上我的眼镜找不着了，让他帮我找，但他不怎么上心，我就开玩笑地说"找不着，我们就没法出去吃早餐了呢"（完全不带情绪，事后他也承认我没有带情绪），但他突然就发火了，说我一通，可我选择性遗忘，现在已经不记得他具体说了什么。当时阿姨在帮我们带小孩，我觉得很没有面子，但当时没说什么。等阿姨带小孩子出去了，我就很平和地跟我老公说，以后能不能在外人面前给我留点面子。但他突然指责我，说我的各种不是，得我先道歉他才肯改什么的……我很委屈，情绪就失控了。最后我用Ting说的"你是对的"回应他，他才冷静下来后，发觉自己不对了开始哄我。为什么我总是没有办法阻止别人随意对我发火呢？

Ting：我先看到"找眼镜"这件事，无由来的就是一阵躁狂。我仔细想了想，为什么连我这个外人都会觉得躁狂。

chaishanqing：哈哈，看来真的是我的问题是吗？

Ting：大概一是因为我也没办法解决，但又不得不帮你，二是你背后有种"完全不为自己负责"的态度，就好像是寄生在我身上，我得担负两个人的重量一样。

chaishanqing：完全不负责任？我愿意听听你的说法呢，可能老公和其他人都觉得我是很独立负责的人，是不是我表达上有些问题。

Ting："如果找不到，我们就不能出去吃早餐"这句话隐含着"虽然找不到眼镜是我的事，但它影响的是我们，所以你有责任帮我找"。如果换成"我老是丢眼镜，下次我得多配几副放在家里"，会不会感觉好一些？

chaishanqing：明白了，所以这句话确实是不该说。

Ting：因为你交给对方的"任务"是完全不可控的，如果你老公是个很理性的人，他会对失控这件事感到狂躁。

chaishanqing：可能当时我很焦虑吧。我老公很理性，这件事确实是我先不对。我其实想问的是，怎么能让别人听进去我要表达的意见。

Ting：可能落点在两个地方，一是不可控的问题，要不要蔓延开来。因为哪怕问题再小，对于理性的人来说，他狂躁的点在于失控，而不是问题本身。

chaishanqing：那比如，他每天总是把一些用过的东西乱放，我每天提醒他还是没用，这种问题呢？补充个前提，我们关系超级好，我不是想和他"撕"，就是想知道我的行为模式是不是有可以改的地方，可以注意的地方。

Ting：理解。理性的人对自己认为不重要的部分特别不介意，而伴侣就帮他解决那个部分。你看过《老友记》吗？里面的莫妮卡超爱整洁，但她有一个储藏室，里面乱七八糟——那是她的代偿。你们既然有阿姨，东西乱放应该不是个大问题。

chaishanqing：但是，有时候阿姨带孩子，我看到她没收拾屋子就有点难过。而且很快我们会带婴儿去美国，我得理家，怎么办呢？

Ting：你也有自己的逻辑体系，觉得难过就是因为不可控。你老公对眼镜的问题，也是同样因为不可控。所有理性的人，都会为超出自己控制的"小事"感到狂躁。

chaishanqing：那我需要去调整我内心的介意吗？

Ting：嗯，我建议，尽量不要把不可控的事情蔓延给对方。

chaishanqing：或者我别再提醒他了，因为我也有这样的问题。

Ting：也尽量少去控制对方的某个"行为习惯"，因为习惯背后，可能是一整套的逻辑结构，能用技术手段解决的，不要去挑战人性。雇阿姨就是技术手段，去了美国，会有别的技术手段。

chaishanqing：明白了。

Ting：呵呵，我特别不爱打扫卫生，所以我就多赚钱。

chaishanqing：理解了。

本案要点

　　案主伴侣所对抗的，是对失控反复发生的"唤起"，这个案子不讨论谁对谁错，重点在于为什么会狂躁。

　　表面上看起来，这么小的事情不应该狂躁，但有些理性的人，就是会对特别小的问题产生很大的情绪，大事上反而不会。理性的人有一套完整的推理逻辑，他在意的是逻辑自洽，任何超出逻辑范畴的事情都会引发焦虑感。大事都是可以被分解执行的，符合逻辑体系。就像有时候我们跟朋友上街，他要找厕所，我们就特别替他急，因为不知道他"究竟还能忍多久"，怎能不焦虑？

　　家庭成员相处有一个原则是——看到"问题"，不管是谁造成的，谁难受，谁解决。而且我个人的意见是，能技术解决的，不要挑战人性，更不要挑战习惯。

害怕被评价——柔化畏惧

叶子：上次在文学院交稿以后，很忐忑。上次在您的新书见面会，我发完言也很忐忑。好多这种需要表现自己的场合，我会非常矛盾。一方面很想表现，或者表达自己，另一方面，又特别担心自己表现不好。

Ting：害羞，是对自己的过度关注。

叶子：好像也不是单纯的害羞，而是想要表现得很好。

Ting：就是过度关注自己啊。

叶子：所以在一般的公众场合，只有确认自己的发言会很不错后我才开口。

Ting：其实在别人眼里，你没那么重要。

叶子：嗯嗯，道理都明白，可每到这样的时刻就控制不住自己。

Ting：你看过犰狳吗？

叶子：看过图片。

Ting：这种动物濒临灭绝，你知道为啥吗？

叶子：不知道。

Ting：因为它跟刺猬一样，每当遇到危险就蜷缩成一团，盔甲般的硬壳保护了它。

叶子：这个描述很精准，我时常有这样的状态。

Ting：在自然界，这一招好使，狮子老虎都拿它没办法。但是人类出现后就不一样了……人们根本不管它缩成啥样，直接搬走。也就是说，你缩得再紧密，盔甲再厚实，都只是局部的防御。在暴力或根本不关心你的人面前，毫无价值。

叶子：说到价值，我就是特别想体现自己的价值。

Ting：嗯，前阵子我跟一个非常有逻辑、非常理性、非常讲技术的朋友聊天，他跟甲方交流很吃力，尤其当对方是女性时。他不停地强调自己的技术和专业……我说，你是犰狳。当你缩成一团在自己的专业里时，别人起脚就踢开了你。

叶子：这个故事怎么感觉像是在说我先生，他跟我聊天就是一定要聊他很懂的东西，都是他的专业，一聊生活就没话了。

Ting：呵呵，你缩的那个领域，可能是别人根本就不关心的。你缩得越紧，对方越会把你当皮球，要么踢，要么扔掉，没兴趣非要逗你打开。

叶子：明白。现在我想把自己打开，可是不敢，也不知道从何下手。

Ting：每个人都有自己"缩"的领域，你是啥？如果你遇到"危险"，你一般会缩在哪个领域？

叶子：我的领域大概是"比较有想法"。

Ting：展开讲讲。

叶子：我希望自己是一个有点深度的人。

Ting：如果评价是刺，你面对可能被刺伤的风险时，会沉默，还是会怎样？

叶子：我对事情有自己的见解，不会人云亦云，而且懂得从别人的角度去理解。面对刺伤我首先是沉默。但如果已经发生了，就是强烈的对抗。

Ting：沉默是蜷缩的形态，对抗是硬壳。缩在哪里呢？缩的领域是什么？你老公缩在专业里，你呢？

叶子：缩在"太小儿科了，不屑参与讨论"的自我安慰里。表示我有更高的理解。

Ting：不屑，就是你蜷缩的领域？你处在这种"不屑"里的频率高吗？

叶子：以前很高，这一两年正努力地改变，频率没那么高了。以前不知道是为什么，就是常常觉得别人讲话没水平，不想听。

Ting：不屑有代偿，硬壳里面也有柔软的组织。你的代偿是什么？当你用"不屑"抵挡住外界的刺激，你对自己的评价是什么？

叶子：现在有点体会到是自己想要的更高明的心态。代偿可能是"你到底有没有你想的那么好啊？其实很差吧？""千万不要被别人发现我的差劲。"

Ting：就是当你遇到自己认可的"更高明"的人，会怕他对你不屑，对吗？

叶子：对的，比如你。所以，对权威也是两个极端，要么极度服从，要么极度反抗。

Ting：你把写好的东西发给我看，表面是怕我点评，其实是怕我对你"不屑"，觉得你浅薄，对吗？

叶子：嗯，对的。更深一层来说，怕你不理睬我。

Ting：你听说过"媚上必然欺下"这句话吗？

叶子：听过，没有好好体会过。但我有一个逻辑是"差劲等于被抛弃"。

Ting：媚上必然欺下，如果一个人谄媚上级，他必然会对下级摆架子。

叶子：嗯，这个意思能理解。

Ting：不妨仔细想想——你的不屑，是不是在媚上的同时欺了下级？

叶子：在生活里我会努力对各种人都很友好，哪怕是扫地的阿姨。但是心里对那些我不认同的人，的确有难以遏制的蔑视。

Ting：欺，不只是身份上的欺。不屑，就是观念上的欺下。你欺了观念上不如你的人，试图谄媚观念上领先你的人。

叶子：从这个层面来说，的确是这样。

Ting：我们放大一点来看，怕被抛弃，是怕被"更高明"（上级）抛弃，不带你玩。欺下，就是对"更低级"（观念落后）的人摆脸色，摆架子，不带他们玩。

叶子：是，一体两面。

Ting：媚上欺下，永远是一体的两面。

叶子：嗯，我想要的就是切开这个"体"，看看里面是什么。我一直找不到切口，可是这个捆绑很不舒服。

Ting：困扰你的关键词，是"媚上欺下"背后的心理机制。你直觉上觉得，这是不好的人格属性。

叶子：我觉得人应该有自己的固定位置，为什么要随波逐流。

Ting：还是拎一个大词出来，"上善若水"。

叶子：天哪，到这个层面了吗？

Ting：为什么水是上善的呢？你能理解这个意思吗？

叶子：不是很确切，请帮忙解释。

Ting：随便讲讲，你别有压力。水没有形状，所以它可以安然处于各种容器里，容器是什么形状，它就是什么形状。

叶子：哦，水的特性没有固定的形状，随方就圆，我大概理解也是这个意思。

Ting：容器就是当时当地我们所处的环境，我们的观念就是水——固定形状的观念，有时候能融于形状，有时候会产生磕碰，还有的会被粉碎和削减。但如果你的观念是水，就是随遇而安的，称之为善。

叶子：嗯，很柔和很温暖的感觉，这也是我追求的感觉，我希望自己是一个"温暖"的人。

Ting：这是东方哲学，所以总是称为——如水女人。

叶子：我以前一直是石头，硬得不得了，黑白分明。

Ting：当然，也有相反的观念和立场，我就不展开探讨。先在这个点上深入一下。因为你的观念很"硬"，而且很多时候是预判在先，所以当你遇到比你软的人（下级），你就砸了他们。但如果遇到比你硬的人（上级），他们砸你——哪怕不主动来砸，你也有被砸的隐忧和风险。

叶子：是的，就是这样。我会主动退缩。我如何成为如水的人？

Ting：又需要一个大词——放下。但这个放下，不是简单的不想，而是在做出预判的时候，加一点点自我怀疑的柔化剂——我的判断真的对吗？

叶子：对的，我每次都在这里跌倒，感觉怎么努力都创造不出这个短小的空隙！

Ting：面对比你软的人时，当你可以轻易"硬"对时，你加一点柔化剂——我再听听看？我真的足够了解对方吗？我的观念，是不是早就形成的预判？加一点点觉知和怀疑，就会慢慢软下来。

叶子：真的呢，这一段时间我在努力做的就是这件事，对我来说，无比的难！我的情绪好像没有缝隙，来得快得像飓风。

Ting：在面对比你硬的人时，也可以加一点柔化剂——他真的对吗？我再听听看？他有没有忽悠我？我对他的跟从，是不是心里的恐惧在作祟？也同样加一点点觉知，慢慢柔化那个畏惧。

叶子：又要哭了，后面的这一部分，好像是我更想要的！

Ting：虽然可能一辈子做不到"如水"，但你的表面——与人发生接触的那一层，可以试着变得柔软和有弹性。弹性，就是怀疑和自我怀疑，一体两面。

叶子：太折磨人了！

Ting：有一句话送给你，每当你遇到这样的情况，就对自己说一句，"喔，真的吗？"一次不够，说两次。

叶子：嗯，记下了，从这句话开始。

Ting：很有效哦。

叶子：感觉是要跟自己打仗。我的嘴总是比脑子快。

Ting：比如，我们今天的谈话，你就可以试着问一句，"喔，真的吗？"

叶子：真的吗？

Ting：有没有觉得好一些？

叶子：有！心里轻松了很多。

Ting：哈哈，试着用用看。

本案要点

你有想过，观念也是会死亡的吗？

死亡就是僵化——不再生长了，也不再变化了，所以当你死守着某个固定的"真理"时，也就最为接近观念的死亡。

我们都在努力寻找人与人、人与事、人与价值观之间的那个"弹性"，弹性中包含了不确定性，但也正是这个不确定，才是生机勃勃的由来。

我要不要生二胎——自我实现

水晶：现在儿子大了，我时间充裕，经济上也自足，很喜欢这样的状态，老公也比较尊重我。老公挺想要二宝，我开始是一点都不想，现在有点纠结。说不想要，好像也不坦然，说想要好像没准备好。我想知道我在怕什么？

Ting：你初步判断是在怕什么？

水晶：好像是怕二胎影响工作，但不确定，因为我是自己开店。

Ting：你的工作对你来说很重要？

水晶：对，对工作有些紧张和忐忑。

Ting：首先我们看看，工作对你而言，意味着什么呢？因为你先把它拿出来，跟第二个孩子放在同一个天平上。

水晶：重要但也谈不上很重要，但毕竟工作收入不错。

Ting：稳定的收入，比第二个孩子重要？

水晶：有收入意味着被尊重。

Ting：被谁尊重？

水晶：被家人。

Ting：目前有谁是不太尊重你的吗？或者是有谁特别在意你的收入？

水晶：两边的家人都挺尊重我的，老公会关注我的收入但并不是特别在意。我自己比较在意收入。

Ting：古时候有个词叫"母凭子贵"，你听说过吗？

水晶：知道。

Ting：宫斗剧里女人靠孩子维系地位。你不屑吗？

水晶：有孩子又怎样，对方如果有想法孩子也绑不住他啊，那时候如果我再带着两个孩子，不是更不好过吗？

Ting：我说到"古时候"，就是因为每个时期的社会价值体系不一样。过去女性的价值更多体现在传宗接代的工具属性上。现代社会里，女性的自我实现也很重要。生育价值、经济价值、自我价值，如果我们粗分这三块，你的价值落点在哪里？

水晶：更倾向于后两个。

Ting：你是怎么实现后两者的？

水晶：自己开店，在工作中去实现。

Ting：你乐在其中吗？

水晶：谈不上是乐，但很用心和投入地去做，虽然累，但效益不错。

Ting：你真正乐在其中的事情，觉得特别有归属感的地方，是什么？

水晶：还不确定。之前以为做心理咨询师是，但现在也不确定。

Ting：明白。你在养育第一个孩子的过程里，记忆里的快乐多，还是麻烦多？

水晶：麻烦多，或者说辛苦多，此刻有点心酸。

Ting：所以提不起精神再来一遍？好不容易完成了任务的感觉，不想再来了。

水晶：我觉得因为二宝的出生，前三年会付出很多，有孩子就想尽心尽力照顾好，特别是心理上，这让我有压力。

Ting：如果要你想象，未来三年没有二宝，你会把时间和精力投入在哪里？会更快乐吗？或者说，会更有成就感吗？

水晶：不一定更快乐。

Ting：所以，我们是否可以看到天平两端——有二宝的这一端，辛苦三年后，得到一个实实在在的孩子，满足周围所有人的期待。没有二宝的这一端，并没有实在的"产出"，甚至连快乐也不会更多，而且会隐隐受到家庭的压力。现在的天平，处于失衡的状态。而且你在拖延，让这种失衡加剧。

水晶：这个没理解透。

Ting：好，我来仔细说一下。你站在岔路口。一条通向有二宝的生活，它是确定的，有可以想象的结果。这个结果就是，三年里，你放弃了经济收入，辛苦百端，但可以收获一个孩子，以及老公和公婆的满意。另一条路，通向你的自我价值。它目前是不确定的，三年里，你继续有收入有事业，但都不是你的最爱，你也不知道具体想要什么。损失也是可以想象的，你的老公和公婆，会给你隐隐的压力——忙了三年，也没见你混得怎样啊，为什么不要个孩子呢？在这个岔路口，你需要做出选择。

水晶：这是要我选？

Ting：有二宝的路，倾向于"生育"价值。没有二宝的路，倾向于自我价值。但现在真正麻烦的是，你的自我价值并没有清晰的落点。你并不知道自己想要实现的自我价值，究竟是什么。

水晶：那怎么办？

Ting：问自己，这一生，我为什么而活。

水晶：找到谈何容易，非一日之功。

Ting：人近中年，都要开始问自己这样的问题。所以孩子很容易填充"无意义感"。非常辛苦，但每天忙得根本不用去想"意义"这件事。

水晶：想为自己而活。可又不是那么理直气壮。

Ting：没有根的"自我价值"，风一吹就没了。

水晶：是的，我需要多去尝试体验？

Ting：要扎根在自己真正热爱、有归属感的事业上，并非易事。

水晶：现在开店不是我热爱的事，是投资。

Ting：我自己在不同的阶段，需求也不同，但我只有一个指标来验证我是否爱那件事。这个指标是——我是否愿意为它舍弃我的舒适。我一旦进入到舒适、安全的生活状态里，就想打破它。我的安全感，就是我衡量是否爱"那件事"的祭品。不能两全。

水晶：那我怎么找自己热爱的事？穷尽一生都找不到，怎么办？

Ting：那你就注定成为一个庸碌的人。在舒适的生活里，并没有"自我实现"这种东西。自我实现，永远是在悬崖边舞蹈。

水晶：任何情况下，自我实现意味着冒险？

Ting：没有经历巨大的未知心智折磨，怎么可能实现自我？你的生活，如果放眼看去进可攻退可守，怎么会有未知？我并不鼓励你去冒险，我只是告诉你，自我实现的代价是什么。

水晶：打破现有的生活。

Ting：在没有准备好的时候，不要轻易尝试。

水晶：知道，因为就算现在打破我也不知道想干什么。

Ting：嗯，相当于还没学会游泳，就掉到了深水区。我自己也是一步步扑腾到深水里的。但是如果不下水，一直在岸上观望，那一辈子也别想游泳这件事了。你现在的岔路，有二宝的生活就是在岸上。没二宝的生活，就是在河边洗洗脚。

水晶：想下河。

Ting：那都不是游泳，相对于自我实现这个目标，还很遥远。先想着吧。知道自己在想什么，我们今天的目的就完成了。

水晶：好，那是不是多去尝试和冒险。

Ting：我不鼓励。那是非常艰辛的事，比带孩子艰难得多。

本案要点

有二宝和自我实现矛盾吗？

这是多数女性的困惑。

在我看来，不矛盾。

对于案主来说，二宝是个生活的符号，自我实现也是。两个都是符号而已。案主矛盾的点在于，她在两种倾向之间找不到落点。案主舒适的生活，是结构化的外壳，保护了她，但也屏蔽了她对世界真正的感知——这种感知，最主要的价值是未知带来的不确定和痛苦。有点像旅行，旅行是为了感受"未知"和"不确定"，但如果旅行中全程五星酒店，导游地陪，大巴出入……哪怕去埃塞俄比亚，也不会知道什么是饥饿和贫穷。自我实现，首先是能够感知到"自我"，而不是在壳的保护中，假装感知。

自我价值的实现也没有绝对指标，它既是主观的，也是客观的。

所谓主观的"自我实现"，就是类似"奇奇妈"这样的名字，她认定孩子高兴，她就高兴，她的自我价值捆绑在孩子身上，养育成功了，她就成功了。这是纯主观的，没有什么好坏。

但还有客观的"自我实现"，就是作为人类，远方在哪里？有很多心更大的人，他们不满足于生育，不满足于生活富足，甚至不满足于事业成就。

无论男女，这样的人要找的不是暂时的满足和安全，因为他们知道放在人类的历史上，个人以及个人所处的这个时代，有太多的局限性和不确定。随便一场战争，一个动荡，都可以把你引以为豪的成就毁灭。

释迦牟尼之所以出家，不当王子，就是因为看到了生死。后来他超越了生死才成就了他的自我实现。

所以，主观上我们可以任意定论自己的"自我实现"是什么，但从整个人类的价值取向而言，确实有无穷尽的远方在等我们。

我总想怼人——个人边界

灵芝：我想问，怎样界定别人对自己边界的入侵和无意冒犯？

Ting：哦，你经常感觉被侵犯？

灵芝：是的，很敏感。

Ting：随便举个常见的例子。

灵芝：遇到对我贴标签和评判我的人，我就想怼。

Ting：先划个区域吧。家、单位、伴侣、陌生人。

灵芝：比如，我在团体里，有个同学说，"你刚才说的话就比较落地了"，再比如有同学说，"你是安全感不足"。

Ting：哪个区域频发问题？

灵芝：我在团体里特别敏感。

Ting：你会因为这种评判而生气？

灵芝：对，这样的评判让我很不舒服。工作关系上，我会相对平和。

Ting：这两者都是"团体"，区别在哪里？

灵芝：团体是我觉得可以自我探索的地方，我可以更真实。工作关系中，我自己像是符号。

Ting：你默认为"观念"更真实？你的观念，更代表你"自己"？

灵芝："观念"？

Ting：就是你的价值观——团体一般没有利益纠葛，是价值观之间的互动。

灵芝：我认为我更了解我自己，他们的评说是不懂我，我被误解。

Ting：那么你觉得别人不可以评说你吗？

灵芝：是，团体是观念和价值观更深层的探索。理论上说别人怎么做，我无法控制，但是我可以反抗。

Ting：我们先聚焦在"可不可以"上，在你默认值里，别人是不可以随便评价你的吗？

灵芝：对，我内心是觉得不可以，他们不能代表我。

Ting：明白。那我们深入探讨一下这个"不可以"。为什么不可以？

灵芝：我害怕被误解，害怕他们看不到真实的我。

Ting：你的害怕，是感受，但"不可以"是规则，你怎么把感受变成普世规则呢？

灵芝：我竖起围墙。

Ting：就是不断宣称"不可以"？

灵芝：在团体里我竖起围墙，在工作关系里，我选择把我的不同意见说出来。

Ting：通过宣称、宣告，以及激烈反应，达到"不可以"的规则建立？画面就是，不管谁戳你一下，你就龇牙给他看？

灵芝：很形象。

Ting：这让你想起什么样的小动物？

灵芝：我想的是狮子。

Ting：狮子都是懒洋洋的，真的靠近了就一口咬下去，才不啰嗦。

灵芝：但是没有咬到致命要害。

Ting：你那顶多是龇牙咧嘴。

灵芝：怎么联想到家犬了？

Ting：还是小型的，大狗一般都很温和，泰迪、博美这种小型犬，反应都比较激烈。

灵芝：说得我现在越来越没底气了。

Ting：哈哈，这才哪儿到哪儿啊。

灵芝：悲催。我不想成为家犬。

Ting：那换个角度呗，如果你是人，在靠近一条不断龇牙咧嘴的小狗时，想要示好，该怎么办？

灵芝：我想离开，不想靠近。

Ting：你也烦那些动不动就龇牙咧嘴的人吗？

灵芝：团体里也有同学向我示好，我对她龇牙了，我也不喜欢这样，可我还是这样做了。

Ting：我能理解，你无法分辨和确认他人背后的善意和恶意，索性一视同仁。

灵芝：嗯，看不到他们的区别，我就都拒之门外。

Ting：你被什么伤害过吗？

灵芝：我想让我妈来背这个"伤害"的黑锅。

Ting：你妈说，"我不背可以吗？"

灵芝：我在她的指责和谩骂中浸泡太久。

Ting：哦，所以形成了一套"反应机制"？

灵芝：我自己也不想背这个"锅"。

Ting："锅"好冤枉，谁都不要它。此时此刻呢，你在跟我说话的时候，有什么围墙？

灵芝：我觉得你告诉我怎么分清楚入侵和无意冒犯的边界，我还是要靠自己去探索。

Ting：你和我之间有围墙吗？

灵芝：我觉得你已经看到我的漏洞，而我自己还不知道，对此我很郁闷。我们之间没有围墙。

Ting：为什么？

灵芝：我感觉你在空中鸟瞰一切？

Ting：好漂亮的形容，就是——围墙对鸟瞰的人不起作用？

灵芝：对于鸟瞰的人围墙就不存在，我对你没有设防，我是愿意敞开的。

Ting：因为我们没有利益冲突，还是没有本质的观念冲突，才会导致你敞开？

灵芝：观念没有冲突。这个最关键。

Ting：或者，我在你的围墙里面？

灵芝：我也信任你。

Ting：那此刻我们不妨想象一下，我做什么，你会对我竖起围墙，甚至是铜墙铁壁？

灵芝：发表对我有冲击的意见。

Ting：嗯，我们在逼近核心区域。

灵芝：我是我，你是你。你也有个边界。

Ting：我们先聚焦在——我做什么，你会对我开始设防。

灵芝：你胡乱评判我的时候，我就要龇牙了。

Ting：什么是胡乱？

灵芝：我有时候对你团体的咨询师也有攻击性，就是他们开始自以为是地分析我的时候。

Ting：分析你和自以为是地分析你，怎么区别？

灵芝：自以为是，就是先有个预判，然后，使劲在我这里去验证你的预判，你看，我是对的吧，你就是这样的。分析我，就是和我一起往里走，这个我可以接受。

Ting：我们在这里稍微确认一下。你的城墙有几道，第一道是不是需要你"主动邀请"？也就是说，如果你不主动邀请对方分析你，所有的分析都会被划归为敌意？

灵芝：是的，我必须先邀请，愿意主动打开门。

Ting：所以，当别人没被邀请就开始分析和评价你的时候，你一般会怎么说？

灵芝：我会说，我感觉到你的评判说的不是我。

Ting：嗯，这个落点有点问题，我们先解决技术问题。这一道城墙，就像国境线，需要护照才能通行，所以落点是"我没有请你来说我"，而不是说的对与错。你不需要验证对方的目的，对国情是否了解，你的落点应该是——我有没有邀请你。

灵芝：请尽量说你自己。

Ting：不，不要反击。

灵芝：哦，好。

Ting：你是否明白，没有护照不能通行。

灵芝：我知道了。

Ting：我不论证你该不该闭关锁国，我只论证你第一道城墙的实质含义——非请莫入，不要扯其他的。

灵芝：我对常常想伸手帮助同学的人，非常有攻击性，也许就是那个点——邀请。

Ting：不拿护照就想进入他国的人，都会被海关拦在外面。但海关并不会羞辱他们，你的第一道城墙，不应该有任何情绪。

灵芝：明白，我带入了自己的情绪，忘了第一道关口。

Ting：我帮你把几道关具象化。

灵芝：太好啦。

Ting：在公共场合里，第一道关口是不带情绪的，比如"非请莫入"，不消耗任何内在情绪，它只是一个中立的规则，对任何人都适用。而你要做的，就是严格管理海关，禁止私下交易。比如我，你原则上信任，但也需要"邀请"。

灵芝：首先，我要发通行证，这个是第一关。

Ting：然后我们进入第二关——特定区域。你到团体课堂去上课，其实已经给所有人发了护照，除非特别声明，所有人都默认为相互评判是成长的一部分。类似澡堂，你自己穿着全套衣服，那你去那里干吗？你是否分得出特定场域的开放度，需要一个共识？你在团体课堂上的别扭，就是穿着衣服在澡堂里的那种别扭——不是不可以，但要消耗大量的精力去自洽。

灵芝：是呢，可是我有个默认值，团体里，不是该尽量只说"我"，表达"我"的感受吗？

Ting：这就是你的误区了。澡堂里，你的默认值是穿着衣服？不允许别人看到你的观念的裸体，就是穿着衣服。

灵芝：好吧。

Ting：你真的明白了吗？你可以自己在家洗，但你要去公共浴室，就有一个约定俗成的暴露度。

灵芝：在澡堂里，其他同学大肆自以为是地评点我，我还是不舒服。

Ting：是啊，别人看你"衣冠楚楚"也不舒服。

灵芝：我可以主动暴露，我告诉他们，我来就是探索我的暗黑面、攻击性。好吧，他们确实觉得我格格不入。

Ting：你还是没弄清"特定区域"这个概念——你在单位里，人人都穿衣服。但现在你自己要去的是澡堂，你还穿着衣服，并要求大家视而不见，这就是你的问题了。你可以去开个单间，找个师傅给你搓澡。

灵芝：太可怕了。

Ting：如果师傅衣冠楚楚地给你搓澡，是不是也很可怕。

灵芝：哈哈哈，画面很凌乱。我明白了，需要先适应自己的"裸体"。

Ting：所以第二关，你现在明白了吗？既然你放人家进来，游客要干什么，你就不能过分管束。但你还有第三关。

灵芝：嗯，压力很大。

Ting：第一关的城墙，是你把看着顺眼的人放进来。第二关，是他们在城市里随意活动，在一些特定的区域，做特定的事情。第三关，则是你的秘密基地。

灵芝：不可以进。

Ting：怎么这么敏感。那我们先把第二关弄再扎实一些。

灵芝：秘密基地也要发通行证吗？嗯，好。

Ting：秘密基地很特别。我先说第二关，然后我们重点落在第三关上。

灵芝：第二关，就是我要坦然我的"裸体"，并且，容忍观众的指点。我也可以不带情绪地指点他们。

Ting：第二关里，你可以划分出不同的区域，比如，游客经常要去的景点，或者餐厅，等等。他们可能会根据自己的兴趣爱好，随意溜达。也有游客根本不感兴趣，稍做停留就离开了。在留言本上写着"好无聊的城市"。这些都是你需要接受的。会有局部的"撕"和投诉，但都在可控的范围里，也不会伤筋动骨。你不能要求所有被准入的人都像朝圣一样尊重这个城，保证不丢一点垃圾。

灵芝：明白了，我要接纳每个游客的独特性。

Ting：嗯，会有一些高素质的旅客带动了城市的旅游经济，也会有一些糟糕的游客，肆意糟蹋环境。是的，城市会完善管理，但不会特别在意具体某个游客，除非他杀人放火。

灵芝：面对糟蹋环境的我只好安慰自己，加强警力，也可以加强卫生管理，建立规则，但规则的背后，是需要一视同仁，严格执行的，不能像一个忙乱的城主一样，到处灭火，亲自上阵。比如，新加坡就有鞭刑，属于对违反城市规则最严厉的城市——要么你别来，要么就守规矩。嗯，我好像更明白了，你的比喻太有画面感，这么易懂的例子，我感觉情绪也没那么激烈了。

Ting：城市需要不断完善自我管理体系，而不是揪住一两个游客不放。

灵芝：对，我一直处于严防死守的状态。

Ting：那样的城市没有活力。新加坡必须要美才能跟鞭刑达到平衡。如果只有鞭刑没有美，就没有人会去。第二关明白了，就进入第三关？

灵芝：我觉得我的城市可以变得充满鸟语花香，有画面了，第二关就明白了。我觉得可以进去胆战心惊的第三关了。

Ting：第三关有三个区域——

你知道，别人不知道的区域。

你不知道，别人也不知道的区域。

你不知道，别人知道的区域。有点拗口，我来详细说一下。

一，你知道，别人不知道的区域。大致就是你的过往经历，你对自己的认知和解读，这些部分你了解，但外人不了解。

灵芝：嗯，我的脆弱层。

Ting：你刚才说有人误判你，大部分就集中在这个区域——他人对你不够了解，就下了判断。

灵芝：对呢，就是这个感觉。

Ting：是否脆弱，不是重点，重点在于你清楚，别人不清楚。类似于有人说——这个城市怎么绿化这么少啊。但你自己清楚，财政不够，都用来扶贫了，站着说话不腰疼。这就是——你知道，别人不知道。当对方没有做详尽的了解，并且自以为是地评判你时，你就会愤怒。

灵芝：我目前的机制就是这样的。

Ting：第二个区域，你不知道，别人也不知道。比如，你的心理动机、反应机制，以及所有你还没有想明白的那些东西，别人也不知道，这时候会产生郁闷——别人说的有那么一点道理，但好像又不是！到底怎样？好烦啊……

灵芝：对对对，就是会经常遇到这样的痛苦时刻。

Ting：对于"好烦"的事，你也倾向于推开，除非有特定的人，你愿意邀请他一起去看看。但特定的人难以遇到。这时候，就是"一起去探险"，相当于这个城市还有一些地下矿产，自己也不知道怎么开发。

灵芝：像 Ting 这样的人很难遇到。

Ting：所以，在这个情况下，落点是"对的人"。

灵芝：这个人，我需要专门发通行证才可以。

Ting：没错，这就不是观光护照了，是"特别通行证"。那么第三个区域，就是"你不知道，别人知道"。比如，我就是一个对矿产很有研究的专家，你邀请我去勘探。我很专业，你放心地让我随意勘探，等着我的报告。

灵芝：嗯，我觉得太幸运了。

Ting：这就落在"人家愿不愿意来"的层面了。现在，探完了，我就要收工了。

本案要点

把一个模糊的概念具象化（尤其是视觉化），是个非常有效的疗愈手段。之前的案例中也曾提到过，"眼耳鼻舌身"都是感官，"意"是概念，从感官到概念之间是需要转化的，尤其对于直感很强的人来说，这种转化就显得更为必要。

在本案中，我对案主的心理结构进行了可视化探索，这样在讲解不同层级的问题时，都能有现实形象的对照。当然，这个方法在探讨更深层命题的时候会有局限性，要明白它的适用范围。

无家可归感——看清现实

妮妮：老师，我 31 岁，孩子 5 岁，跟老公异地分居，我老家湖南，定居天津。我有强烈的无家可归之感。我婚礼前一晚，我妈妈来我房间，说以后老家的房子归我姐，我心里很难过，但并没有表达，这件事给了我很强烈的无家可归感。

Ting：难过的是妈妈没为你着想？

妮妮：这几年老家的亲近长辈陆续过世，我想到的是父母百年之后，我没有地方可以去了。

Ting：我明白。你在家中，是很能干的吗？

妮妮：我很会读书，从上大学起一直在外地。家务事方面不算能干。

Ting：家人觉得你有出息吗，跟姐姐比？

妮妮：是，表面上看我混得不错。

Ting：在你看来，妈妈更疼姐姐？

妮妮：对。我妈的理由是姐姐在老家，承担了他们养老的责任。我觉得妈妈更认可姐姐，从小就是。

Ting：你赚钱后补贴家里吗？

妮妮：我每年过年给父母 5000 块钱，平时就过生日给爸妈买东西。就我的经济状况而言，5000 块不少。

Ting：姐姐承担的责任更重吗？

妮妮：对，姐姐住老家县城，离得近。姐姐很善良宽厚，妈妈比较喜欢她。

Ting：你不怨姐姐？

妮妮：我委屈的是明明知道妈妈的安排不无道理，可是心里还是好难过。我此前从未怨过谁。直到最近我忽然想，为什么妈妈有这样的打算，姐姐欣然接受呢？我以后独自一人带着孩子，该怎么办呢？

Ting：你怨姐姐没替你着想？

妮妮：嗯，在这一点上有埋怨。

Ting：现在的家庭，让你没安全感和归属感吗？

妮妮：没有归属感。

Ting：你心里有个"家"，是父母那里的家而不是现在跟老公和孩子的家？

妮妮：我在天津的家只有我跟孩子，老公长期在外地。而且他是极端完美主义，对我非常挑剔，我和他相处很痛苦。我心里的家是有父母、亲人、邻居、热闹的菜市场。

Ting：我理解。当母亲不管以什么原因切断了你回去的路，你莫名觉得委屈。

妮妮：对。姨娘们去世得很突然，我就一直有个白日梦，等攒够钱回老家生活。

Ting：情感的脐带被剪断了，那时候的老家也许变得你都认不出了。

妮妮：对，所以我开始着急，我年纪越来越大，我怕这辈子没机会。我爸爸妈妈和姐姐一直不太同意我回县城，我认为他们是怕自己没面子。

Ting：在我看来，你有个抽象的"乡愁"，那个家是抽象的，不是具体的。

妮妮：我想回去又没有勇气，在外面漂泊好像只是为了生存和下一代。

Ting：反过来说，你也代表了你们家抽象的城市啊。

妮妮：反正，他们好像很怕我一时冲动辞职回去。

Ting：你是最能干的女儿，是那个好不容易靠读书走出了县城的孩子。

妮妮：可是我为什么要承担那样的东西？我心里很委屈。

Ting：他们也在承担你的乡愁啊。

妮妮：明明是我为他们挣了面子，反倒被他们抛弃，我是什么，是工具吗？读书那么辛苦，一个人在外面这样辛苦，他们却只想到了自己养老，没有给我退路。

Ting：如果那个老家是你心中可以退守的地方，那么，你待的城市也是他们可以展望的地方。他们只是把你想得太坚强了。

妮妮：我内心抗拒这个安排啊，我不喜欢城市。

Ting：嗯，因为城市没有给你带来归属感。

妮妮：我始终难以融入城市。

Ting：但是，你真的回不去了。

妮妮：这里的人都是移动的，我找不到锚点。我为什么不可以回去？如果回不去，我活着是为了什么？

Ting：你回去，不但是抢夺资源的人，而且是从"高处"坠下，全家都要承担不小的舆论压力。

妮妮：这样看事情，我对他们就有更多的埋怨，可我甚至不敢埋怨他们。小时候读书最大的动力，就是让他们高兴。

Ting：这里面有两层"回不去"。现实层面的回不去，是说你回去这个行为，是瓜分他们本来就不多的资源，但不会创造更多。但如果是灰头土脸地缩回去，那就是占一个坑。现实层面只讲利益——你能不能创造更大的利益，而不是瓜分资源，这是你"回去"要解决的现实问题。不想清楚这一点，现实层面没有人欢迎你回去。抽象层面，你回去是重新回到"子宫"，回到无条件宽容你的环境里。这个也不太可能，因为你已经出了子宫，并表现出独立而超越的样子，这样回去，没人能接受——大家都要看着一个失败的精神寄托坠落。你打碎了他们的期待。

妮妮：嗯，是这种感觉，我想回到生命原始的状态。

Ting：没有人要看到"退行"者，我个人意见，除非你在现实层面能够带来更大的、不容忽视的利益，否则那个子宫也是假的，那只是你一厢情愿的退行，现实是抽象的基础。

妮妮：对，我忽然想到我坐月子的时候，妈妈拒绝我回家。还有中学失眠转学，没有人来车站接我，那我现在该往哪里去呢？我觉得好迷茫。

Ting：先不要沉迷在自怨自艾里，你看得清现实吗？

妮妮：我睁大眼睛在看。利益受损时，子宫对我关闭。

Ting：是。分清现实和抽象，是第一步。你想要回到子宫，也得自己打造。

妮妮：如何打造？

Ting：比如，你考上了老家的公务员，或投资了一个公司，这就是新的子宫。

妮妮：用实际利益换取进入子宫的权利？

Ting：没错，你只是平移了城市的高高在上。

妮妮：可我能力堪忧，还有别的选择吗？

Ting：有。停止幻想。

妮妮：我一直靠着幻想活着，抽掉它，我就变成行尸走肉。幻想是我活着的意义的来源，我上哪里去找新的意义？

Ting：现实从不吝于展示它的务实，家人也一样。所以不要幻想他们是无条件的支持者，明白他们是有条件的支持者，就完成了落地。

妮妮：嗯，我看到背后的利益支撑，尝试落地。老师，我想到这个幻想也妨碍了我跟老公的关系。

Ting：我不怕用最务实的方式想象他人，所以我总能收获人性的惊喜。

妮妮：老师，我为什么沉迷于这个幻想呢？

Ting：因为你逃避现实啊，俗称"文艺女青年"。

妮妮：原来我是文艺青年！老师，可以问你生活的动力是什么吗？

Ting：是因为不愿面对现实世界，才会找各种抽象的逃避场所。对我本人来说的话，目前是创造，之前是自立。

妮妮：老师，此刻我觉得现实很黯淡，但前面有个模糊的前景，我可以往前走了。

Ting：自立是第一步，就像我说的"原子化生存"。完成自立，包括物质和情感的，就会把对他人的期待降到最低，反而能看到各种惊喜。

妮妮：我需要先自立，我现在的物质到情感都还是依附状态。

Ting：是的。

妮妮：然后可能会有下一阶段的动力出来，对吗？

Ting：这条路很漫长，但你应该不会后悔的。自立本身就是很大的动力。当完成了自立，就会面临空茫期，那时候要找意义。从物质上的自立和情感上的自立，再到意义上的自立。

妮妮：直面现实和自己。

Ting：先解决现实的利益层吧，这个最靠谱。

妮妮：我跳过了前几个阶段，试图直接就找这个意义上的自立。感谢 Ting。

本案要点

如今"文艺女青年"仿佛已经沦为贬义词，特指不落地、不务实的人。的确，所谓"文艺"倾向就是把现实做抽象化处理，不去面对具体的柴米油盐。但如果你生活在一个现实社会中，则必须正视一个基本的事实——你周围再亲的人，也都是在为现实打拼的人，如果你想要文艺请自行文艺，请不要把文艺带来的现实麻烦转嫁到他们身上，这对他们很不公平。

舍不得扔东西——断舍离

孙欣：这几天我在收拾烟台的家，要搬到另外一个城市了，所以必须扔掉一些没有用的东西。我在烟台十三年，有很多东西我都舍不得扔，比如，大学时谈恋爱的一些糟糕心情笔记，虽然现在不想看，但留着以后看；孩子小时候的问诊记录和票据，都是我的心路历程；美容院的发票，我交的智商税……我怎么能坦然地扔掉它们呢？

Ting：你的不舍得里，有一些是有用途的，有一些是精神属性的，你能分开吗？

孙欣：能分开一点，不是特别明确。

Ting：如果着了火，你首先抢出来的是什么？

孙欣：自己、孩子。

Ting：那我们现在模拟一下？着火了，没法灭，但还有一些时间，你把孩子送到了安全的地方，接下来要拿点儿什么？

孙欣：一些首饰。

Ting：是因为它们价值高，还是有纪念意义？

孙欣：房产证，价值高。

Ting：是个务实的女人。还有呢？

孙欣：没有了！不想再上去冒险，害怕。

Ting：也就是说，没有一样精神物品是你想要带的？和有可能的危险相比，没有什么值得你抓住不放？

孙欣：嗯。好像对精神物品的概念比较模糊，应该没有。

Ting：好吧，那么，你的落点在安全感上。你缺乏安全感吗？

孙欣：我是害怕忘记自己主动丢掉的东西。

Ting：了解，随着情况危急程度的不同，背后的怕才会真正地浮现。安全富足的时候，你只是怕浪费，但着火了，你怕的是自身安危。这两种怕，背后是一个源头。你最怕什么？在明知道的危险面前，你会舍身去救孩子吗？

孙欣：会救孩子！

Ting：毫不犹豫？

孙欣：嗯。

Ting：孩子为什么比你自己重要？

孙欣：有一次我老公和我吵架，把孩子带走了。我想了一年多，决定辞职去找孩子。

Ting：所以，如果是老公，你就不救了？

孙欣：孩子能让我有动力自我成长。老公能力比我强，可以自己照顾自己，我不要拖累他。

Ting：父母呢？

孙欣：父母的话我也想救。

Ting：如果父母和孩子，毫不犹豫先救孩子？

孙欣：嗯，先救孩子！

Ting：如果要搭上自己的命，还救父母吗？

孙欣：有点犹豫，如果孩子活着。

Ting：一，孩子。二，自己。三，父母。四，老公。五，有价财物。六，其他这个重要度排序对吗？

孙欣：对。

Ting：精神寄托类的物品，排在哪里？比如情书。

孙欣：那些笔记就烧了吧！

Ting：嗯嗯，我先要弄清楚你的价值排序，精神寄托类的物品排到第几。

孙欣：排六。

Ting：是否可以说，你的这个清单，可以排很长很长，可以排到用破的被单？

孙欣：可是生活中我把笔记本排第一了，平时一有空就学习，记笔记。想抓住的东西很多。

Ting：了解，这个清单在危急状况下适用，我们还有日常状况。在日常状况下，你把一些重要的东西再排进去。为了不混淆，我们先只排精神系。

孙欣：嗯，好！危险情况下的精神系？

Ting：日常的精神系。

孙欣：一，孩子。二，自己。三，父母。四，老公。五，有价财物。六，其他。这个是危险情况下的？

Ting：嗯，可能跟你的日常也重合，不要紧，我们等下再来确认。我们正在完成一个地图的绘制工作，不厌其多。

孙欣：我再把日常的重新排一下，把精神系的加上？

Ting：只说精神——你日常里，重要的精神寄托，排序的重要程度。

孙欣：工作，我想创业但还没开始，属于精神系的吗？

Ting：可以啊，我等下帮你再归类总结，你自己先随意写。

孙欣：一，自己身体保健与心理建康。二，父母和哥哥的身体保健。三，开养生馆挣钱。四，与孩子开心玩耍一起成长，以及与上述四条相关的学习。

Ting：不错，这四条有先后顺序吗？

孙欣：也可以同时。

Ting：嗯，你最重要的，还是以"可见"的实惠为核心。对你来说，看得见摸得着的，比看不见摸不着、无法定量的东西，更重要些。这没有好坏，只是你呈现出了这个趋势。

孙欣：嗯，我很现实。

Ting：就像我刚才说的，务实的女人。那我们就从"务实"开始聊。

孙欣：怎么聊？

Ting：一个人对自我的认知，大致分两个部分——"我"和"我的"。有些人，比如曹雪芹，他精神上的"我的"要远远重要过物质上的"我"，《红楼梦》远比他的肉身重要。这时候，思想要大于我的肉身。能理解吗？

孙欣：能理解。我不是这样的，我的思想是为我肉身服务的，我害怕生病、痛苦。

Ting：是的，在你的描述里，"我"的成分相对简单——是由我的肉身为核心，附加了一些我的亲人，以及更外围的事业等等。我们可以想象一个同心圆，圆的核心是你的肉身，一层层向外扩展，越外围越不重要。

孙欣：明白。

Ting：但你最初提出的问题，是非常非常外围的，比如用旧的床单，你都不舍得扔掉。那我们不妨在脑子里想象一下，同心圆里的这个"我"，注意力可以覆盖多大——大到关注到一个用旧的床单？如果注意力这么分散，还有多少注意力可以聚焦在核心区域？

孙欣：确实很分散。但平时不想用的旧床单，只是现在要扔东西，总觉得舍不得。

Ting：我绝对不会劝你改变什么，这是前提。但我要说一个原理——注意力是一种资源，你现在是在稀释地使用它，这一定会对你重要的东西产生削弱作用。所以，床单什么的，它们不是有用没用，而是在削弱你重要的注意力。

孙欣：怎么专注呢？脑袋里总是乱糟糟的。

Ting：有方法。拿出纸来，画一个同心圆的地图。最核心的是自己的身体，然后一层层向外，像地图一样，标注那些层面有什么，跟矿产一样。等生活里的东西都标注完了，你的"生命地图"就成型了。然后，就要使用一个叫"断舍离"的工具了。这个原理的核心是，你必须清楚地认识到，越外围的东西，越会稀释你的重要的核，你的关注力并不是无限的，给自己划定一个合适的界碑——在界碑里面的，是你需要全力关注的。界碑外面的，一刀切断。

孙欣：好！

Ting：每当你对一个要不要扔的东西难以取舍时，就拿出这张地图。看看它在界碑里面，还是外面。如果在外面，就扔掉。

孙欣：断舍离一定要学习吗？

Ting：适当的断舍离相当于精神保健。

孙欣：好！感觉好难。

Ting：就像你的肉体需要保持良好的饮食习惯，精神也一样，减肥也难。

孙欣：嗯！

Ting：但你能意识到减肥是为了健康，并能欣然接受。现在我要告诉你的，是精神减肥。精神健康，会让肉体更健康。执行起来有点难，跟肉体减肥一样，原理极其简单，重在执行。

本案要点

　　不同的能力，守护不同的场域。每个人都需要集中注意力，放在自己真正重要的、需要守护的范围里，这样可以极大提高安全感。

　　注意力是稀缺资源，而记忆往往是最损耗注意力的奢侈品。

　　家就是另一种形式存在的身体，家里藏污纳垢，其实是精神上的赘肉。我家里尽量不储存没有用的东西，总是找机会送人。每一个人、每一个物质，都会分散你一点点注意力。稀释过多，你就不能集中注意力，也就没有力量去超越，你将会得到一大堆碎片。

我不想当墙头草——弹性边界

星晴：我总是没有主见，挺苦恼。刚刚就发生了一件没有主见的事儿。今早我从通勤车下来，走到食堂门口，遇见同事说食堂没饭了。我的第一反应是，那就去商店买吃的。其他几个同事说要向食堂抗议去，我也想跟着去，但又觉不太合适，转身就去了商店。十分钟后，我从商店提着食物出来遇见了同事，他说，食堂给做饭了，让我去买。我不知道怎么回事，就听了同事的话进了食堂。就这样手里拿着两份早餐。老师，我很自责。

Ting：哈哈哈哈，先让我笑五分钟。这对你来说，是一件事吗？我看到了至少三件完全不同的事啊。

星晴：老师，我就看到了一件事，就是我没主见这件事。

Ting：这是你主观世界里的"一件事"，客观世界里发生了几件事？我们慢慢展开一下。

星晴：好，老师。

Ting：你说说看呗，从通勤车上下来，到你手上有两份早餐，如果要分事件的话，怎么分？

星晴：一件事是，我走到食堂门口。一件事是，我转身去买饭。一件事是，我又买了一份饭。分完了，老师。

Ting：一，食堂没饭了，我去商店买。这是简单判断。二，同事要抗议食堂，我想随大流。这是从众判断。三，我觉得抗议成本高，去商店更简单。这是利益权衡。四，同事抗议成功，我不能驳他的成果，所以只好去买他的"成果"，以示我尊重他，这是关系权衡。五，我自责，这是内省。

星晴：对。

Ting：在这五个判断中，你每一个阶段都是有"主见"的，只是这些主见没有一个统一的判断标准，摇摆不定。

星晴：是，摇摆不定，好像墙头草一样。

Ting：人是靠不断的选择来确定自我的，如果所有的选择都分崩离析，如墙头草一般不停摇摆，那么你的"自我"存在度就很低。所以我们的命题是，你的"自我感"出了问题。

星晴：请您详细聊一下"自我感"。

Ting：我们回到事件本身，你会更有感觉。一，食堂没饭了，我去商店买。简单判断——你的日常生活里，完全靠自己本能反应的简单判断占多大比例。

星晴：老师，我现在有些局促。

Ting：为啥局促呢？

星晴：我不知道怎么样的回答是合适的，所以局促……大多数是靠本能反应。

Ting：至少七成？

星晴：对，七成。

Ting：这七成其实就是机械化的你，不会引起自责什么的吧？

星晴：不会。

Ting：二，同事要抗议食堂，你想随大流。从众判断——如果大多数人做一件事，你会跟从吗？会跟从大多数或是权威吗？

星晴：有时会犹豫。

Ting：犹豫的原因是什么？

星晴：有时大多数人的想法，我内心并不认同。

Ting：不过如果大多数人的做法没什么出格的，你也就跟着去了，对吗？

星晴：是的。

Ting：比如，大多数人下班后要去KTV，你即便不想去，也就跟着了？

星晴：对。

Ting：所以我们再切一刀，一半一半吧，至少一半情况下，你跟从大众？

星晴：至少一半。

Ting：那么，现在有85%的日常你是不需要自己做判断的，对吧。

星晴：是的。

Ting：三，你觉得抗议成本高，去商店更简单。利益权衡——在这个情况下，你没有跟从大众，你做了怎样的利益权衡？

星晴：食堂管理员跟我比较熟。不想破坏我们之间关系。

Ting：你不想冒着得罪他的风险。

星晴：对的。不就一顿饭吗？不至于抗议……

Ting：那么，四，同事抗议成功，我不能驳他的成果，所以只好去买他的"成果"，以示我尊重他。关系权衡——这也是不想冒着得罪同事的风险？

星晴：当时就跟鬼迷住心窍似地听了他的话。现在回想起来，应该是别人的好意不能辜负。

Ting："不想主动为难别人"，以及"别人的好意不能辜负"，都是你的价值观？

星晴：老师，我好像是都没有意识到"价值观"就去践行了。

Ting：商店里的早餐多少钱？食堂里第二份早餐多少钱？

星晴：商店早餐 6 块钱，食堂 1 块钱。

Ting：你花了 6 块钱买了"不为难别人"，1 块钱买了"同事的好意"。

星晴：老师，怎么办？我怎么是这样的人……

Ting：换句话说，你的上限是多少——你为了多少钱会去为难别人，为了多少钱可以推拒他人的好意？

星晴：我想想。如果是早餐，我为了 5 块钱，应该就可以拒绝别人的好意了。

Ting：哈哈哈哈。好便宜的好意。

星晴：如果是早餐，多少钱我也不会为难别人。

Ting：在日常生活里，你有为了利益主动破坏关系的时候吗？

星晴：应该特别少。

Ting：能想得起来某个片刻吗？

星晴：有一次，十年前，我领导对我爆粗口，我还了回去。

Ting：是为了利益？还是为了其他。

星晴：工作上起了点争执，他后来爆粗口了，我就还击。

Ting：为了自尊？

星晴：对。

Ting：如果剩下这15%，你要划多少给利益权衡，多少给自尊？

星晴：如果可以的话，我想都给自尊。你可以杀了我，但不可以侮辱我。

Ting：所以，利益不在你的权衡和纠结的范围里？

星晴：不在。

Ting：那么今天早上的事，触碰了你这15%的区域吗？

星晴：没有。

Ting：那你理它干啥？

星晴：啊……我曾被指责或者讥笑是墙头草。

Ting：是啊，那就是触碰到了啊。

星晴：您的意思是？

Ting：你的自尊，跟一部分利益选择交叠在了一起。自尊并不是孤立存在的，它跟现实事件紧密相连。你的自尊，很大一部分就体现在利益取舍和权衡上。

星晴：老师，我还以为我不在乎钱……

Ting：你想过，怎样的选择是不"墙头草"的吗？

星晴：想过。

Ting：说说。

星晴：比如今天，我不买食堂早餐，就挺让我满意的。

Ting：为啥呢？

星晴：我帅气地拒绝了别人一次。

Ting：拒绝了什么？

星晴：拒绝了别人对我的要求。

Ting：嗯，我帮你提炼一下可好？

星晴：好。

Ting：一个人对自己满意，是源于他坚持了自己的价值观。价值观虽然很抽象，但在买早餐这件事上可以显化为一体两面——一，我不为利益为难别人。二，我不为利益讨好他人。你没有去为难食堂师傅，是价值观的正面。你拒绝同事的好意，是价值观的背面。如果你能坚持这个价值观不动摇，你就会获得自尊的满足。你的自责，在于你没守住这个价值观的反面。

星晴：老师，正面我还好坚持。反面，我现在还有些理解不了。

Ting：对，"我不为难他人"和"我不讨好他人"是一体的两面。很多人只能看到正面，看不到背面，所以他的价值观就会非常单薄脆弱。为难是进犯，讨好是退让，都是没有守住边界，一个不断移动的城墙比墙头草更不堪啊。

星晴：嗯。我一直以为讨好是最高程度的不为难……结果把不为难做到了讨好的程度。

Ting：一个人的自我边界是要恒定的，自我感才会坚定。"不断移动的城墙"就是你缺失自我感的原因。"不为难"和"不讨好"是一体的。

星晴：老师，我还是有城墙的对吗？

Ting：有啊，弹力城墙。只有弹力到了极限，才呈现出边界感——比如领导爆粗口。但你可以把城墙渐渐显化，降低它的弹力。这样他人在跟你相处的时候就不会逼近你的底线。

星晴：老师，我的自责和自我感缺失有关吗？

Ting：我觉得是有必然关系的。因为你没有缓冲地带，一件小事就会直抵"自尊"大本营。

星晴：是的。

Ting：我今天给你划出好几个区域，70%，85%，最后的15%还可以不断细分，这些缓冲区域都是为了保护你最终的1%的核心，也许是自尊，也许是其他什么，越到后面你可以划分得越细致，缓冲就更有价值。

本案要点

　　这个案例跟之前"缺乏弹性"的案子刚好相反，案主过于随和，所以她的城墙是软的。中国传统文化中有个很重要的词叫"中庸之道"，这个中庸并不是指庸常，而是"恰到好处"的意思。即，我们与社会和他人之间的关系，保持在一个软硬适度的界限里，会是一个最为舒适的状态。

　　我帮案主做的就是把混沌一片的界限逐渐分出层次，这样在下一次遇到类似状况的时候，就能找准相应的落点。

面对权威很紧张——你的情在喊你

郭大路：我想要弄明白，我面对权威的时候为啥总是很紧张，比如和我领导的一次平常的单独谈话。我印象最深刻的是一次公司的考试，就算是很平常的考试我也非常紧张。

Ting：我考试的时候也很紧张。最后一次觉得特别紧张，是考驾照的时候，但有件事，让我的紧张大大舒缓了。我们先闲聊一下呗？

郭大路：好的。

Ting：我先说说我那次为什么不紧张了，再来聊你的状况，好吗？我属于手脚特别笨拙的人，所以我学手动挡的车很艰难，就直接学了自动挡。跟我一起学的，都是老头老太太。然后我看到一个权威，是个医生，比我还要笨拙。他总是占别人的时间，但他长着一张颇有威严的脸，大家都让着他三分……他排在我前一个考试，从单边桥上掉下来了，没通过。我的喜悦大大覆盖了我的紧张，所以我顺利通过了。想到一个权威被另一个权威折磨，我就特别高兴。过去十几年了，现在想起这件事还很高兴。

郭大路：但我自己并不崇拜权威。

Ting：那你有这种幸灾乐祸的时候吗？看到权威倒台之类的。

郭大路：没有。

Ting：好吧，算我不善良。嗯，回到你身上。

郭大路：我是没机会。

Ting：那你面对权威的时候，只是紧张？

郭大路：心跳加快，语无伦次，说不出话，手心冒汗……我想应该是紧张。

Ting：是具体的人更让你紧张，还是某个制度，比如考试。

郭大路：好像是考试比较让我紧张。

Ting：你只是单纯怕考试？

郭大路：高中会考的时候紧张得晕过去了……高考的时候也是严重失利。

Ting：啊，好厉害的生理反应。那你到一个陌生的地方，不知道潜在规则的时候会紧张吗？

郭大路：这倒不会。

Ting：除了考试，还有什么会让你特别紧张？

郭大路：想不起来。

Ting：你的父母是很严厉的那种？

郭大路：刚想说这个，他们是比较严厉。还有，我总感觉自己不敢迈向未知的世界，比如说跳出安全的体制。

Ting：说个你印象深刻的例子，你做错事，父母怎么惩罚你的？

郭大路：我想想，小时候有一次我们走在大街上，我想让父母抱，他们就是不抱我，把我扔下走了。

Ting：哦，你当时哭喊了？

郭大路：是的，印象非常深刻。

Ting：后来呢，是自己追上去的？

郭大路：好像是的，记不清了。

Ting：感觉是什么，被遗弃的恐惧，还是委屈？

郭大路：那时虽然追上去了，但是对父母谴责我的场景印象很深刻。被遗弃的恐惧和委屈，都有。

Ting：现在回想起来，最强烈的感受是什么？

郭大路：难过。

Ting：哪一种难过？责问他们，你们怎么可以这样对待一个小孩？

郭大路：为什么就不抱我？

Ting：是想要谴责回去的那种，还是别的？对他们的谴责？

郭大路：好像都有的。

Ting：为什么不抱我，背后是"为什么"，还是"抱"？哪个对你更重要？

郭大路：我想想，抱吧，为什么其实我知道。

Ting：你觉得一个小孩，理应获得抱，但他们就是不抱？为什么呢？为了教育你？

郭大路：他们的教育理念是对男孩子要严格要求。

Ting：理，压过了情？

郭大路：对。

Ting：你是个很重情感的人吗？

郭大路：对的。

Ting：能描述一下你自己吗？你的特质。

郭大路：我觉得自己挺敏感的，优柔寡断。

Ting：比大多数男孩子要敏感、多疑、多思？

郭大路：对的，特别谨慎。

Ting：你认可自己这些特质吗？

郭大路：还是不太认可，只是没那么敏感了。

Ting：你平时爱干点什么？看书看电影，还是做什么？

郭大路：爱看电影，几乎什么类型的都看，也爱看书、旅行。

Ting：沉浸在电影和书本里，你的情绪会随着情节波动起伏吗？

郭大路：有时会。

Ting：你有女朋友？

郭大路：有。

Ting：她是什么性格？能大致描述一下吗？

郭大路：她常常抱怨我不愿意抱她。

Ting：啊，为什么呢？

郭大路：我觉得她有点作，太自我了。

Ting：你抱她，她就会得寸进尺吗？

郭大路：她喜欢亲密接触，倒不会得寸进尺。

Ting：那你为什么不肯抱她？

郭大路：有时在大庭广众下不好意思抱。在家的时候，有时我在做事情，就觉得被她打断了。

Ting：哦，你不愿意随时配合她的需要？

郭大路：是的，我确实对于这种身体接触不是很习惯。

Ting：你逾越不过的是亲密的界限？能展开讲讲吗？到什么程度的亲密，让你觉得是过界了？

郭大路：我觉得生活中应该是有原则的，不是她想抱就抱的。

Ting：所以，回到你爸妈没有抱你的那个瞬间，你是理解他们的？

郭大路：我觉得是可以理解他们的。我了解过我的家族史，知道父母的成长经历，也知道他们在那个时代的局限性。

Ting：他们怎么了？你现在懂了，但作为小孩被扔在当场的时候，你并不知道。

郭大路：是的。他们受教育程度不高。

Ting：你女朋友能理解你为什么不抱她吗？

郭大路：不能理解。为此闹了好多次情绪。

Ting：她，很像童年的那个你啊。如果你女朋友就是小时候的你，这时候你希望怎么对她？是继续保持原则，还是换一个方式让她理解？

郭大路：我觉得还是换个方式比较好。

Ting：比如？

郭大路：我为此经常和她沟通，但是感觉沟通不太顺畅。

Ting：显然沟通的方式不是很有效啊。你是在说理，对吗？可是她不在乎理，她就是要抱抱本身。

郭大路：她的回馈是这样的。

Ting：你爸妈给不了你的，你也给不了她。

郭大路：我觉得我现在可以，但是她没有很认可。

Ting：我明白。我们回到体制和紧张。你带着我在你的世界里简单地走了一圈，可能背后还有很多深层的结构我不能了解，但现在可以根据看到的给你画一个粗浅的地图。你天然是敏感体质，这个我们姑且称为"精神胚胎"，不同的"精神胚胎"即便面对同一个环境，反应和成长都是不同的。你特别敏感，所以对来自权威的压强反应就会很大，具体会体现在特别容易有"不安全感"，因为小孩子是需要被父母（强者和权威）保护时才会有安全感。只有无条件的保护，才会建立起足够可靠的安全感。但当你父母"有条件"地保护你时（比如你听话才会抱你），条件就会被拎出来，称为抽象的评判标准。这个能理解吗？

郭大路：是的，可能我对女朋友也是这样的。

Ting：特别敏感的孩子会绕过父母这样具体的人，直奔抽象的标准而去。这些抽象的标准不是落在具体的人身上而是被符号化，比如考试或领导。

郭大路：嗯。

Ting：你对考试的紧张，是对抽象的、不可预测的"标准"的紧张。那些标准审判你，而且会导致不可知的后果，不是你可以掌控的。你的系统脱敏就是对小的审判不断脱敏，但对抽象的审判不能脱敏，所以你潜意识选择了另一条更诡异的路。就是把自己变成规则的一部分，当你也成为那个规则的一部分时，你就暂时安全——你也成为抽象的审判者，就如你对女朋友那样。

郭大路：那怎么办呢？跳出规则的一部分？

Ting：先别说怎么办，你感受一下，我的理论对你是否适用？

郭大路：适用，我觉得是的。

Ting：被暴力者，往往都会不自觉地成为施暴者。你所谓的跳出体制并不是简单地跳出现有体制，有个抽象的审判体制，你很难真正跳出去——即便你自己开公司创业也会面临同样的问题。

郭大路：对的，我也在考虑这个问题，我真的能跳出来吗？

Ting：你的天性中本是以情为核的，敏感者对"情"易感。但当你用理覆盖并限制情的时候就会出现你现在的问题——你的情被扼杀了。你所谓的成长，其实是对情的扼杀。

郭大路：是的，我同意。

Ting：无论是系统脱敏，还是麻木，都是让自己不犯错，不感到情的波动。你女朋友很可能是你"情"的一个投射，否则你不会找到她。但你现在正在用理扼杀她。她的挣扎就是你"情"的挣扎。

郭大路：我要想想这个问题。

Ting：你可以把她抽象化看待，她要抱抱的时候，是你的情在喊你。这时候你就面临着两个选择，跟情走，还是跟理走。

郭大路：嗯嗯。

Ting：具体怎么做，我没有建议，我们画地图，也只是略标注一下大致的区域。跟情还是跟理，你看着办吧。

郭大路：我平时也挺乐于助人的，比如阻止小偷偷东西，这算情吗？

Ting：哈哈哈，那也算啊，但不是情的核心，是外围的补偿。小孩子会天然寻找"代偿"——当他觉得不安时，就会要抱抱，来缓解自己的不安。如果他没有得到家人的抱抱，有时候会通过搞破坏来缓解不安。

本案要点

想起一句歌词，"长大后，我就成了你"——当我们小时候无法逾越某个情境时，我们很可能会把那个情境内化，比如上面的案主，就把规则内化为自己的一部分，下意识地否定情而转向理。

这个内伤需要先被看到，然后才有解决的可能。

后 记

　　严格意义上来说，很难给这本书做一个准确的定位，这究竟是一本心理学的工具书？还是心理学杂谈？或者别的什么？我也不知道，我甚至一度质疑为什么要出这样的一本书。但我很幸运，遇到了秀梅这样一位好帮手，经过她持续而耐心的整理，当文字初稿交到我手上的时候，我自己都感到非常惊讶——好像这些东西，真有那么一点价值啊！

　　这整本书里的内容源于一个叫"撕之秘籍"的线上课程，每天一个现场案例，每周一次线上讲座，再加上若干公众号上的文章综合而成。这个课程一共持续了半年时间，每天都收到几千条留言，其汹涌澎湃的程度令我现在回想起来都感动不已。其中令我印象最为深刻的，就是大家看到的这些活生生的案例，大家都拿出了最困扰自己的难题——事无大小，唯有真实才会动人。

　　要感谢的人很多，因为这是集众人之力才能汇集而成的一本书，如果它能带给读者某个片刻的共情或同理，甚至触发到你想要探究"观念武学"之奥义的决心和勇气，那我颇感欣慰。

Ting